線上下載，最新、最完整的教學訊

課別	課程名稱	融入學習領域	對應能力指標
一	報告老師！我要學 3D	資訊教育	1-2-1 能瞭解資訊科技在日常生活之應用。 2-2-2 能操作視窗環境的軟體。 3-2-3 能操作常用之繪圖軟體。
		藝術與人文	1-2-1 探索各種媒體、技法與形式，瞭解不同創作要素的效果與差異，以方便進行藝術創作活動。
二	可愛小貓咪	資訊教育	2-2-2 能操作視窗環境的軟體。 3-2-3 能操作常用之繪圖軟體。
		藝術與人文	1-2-1 探索各種媒體、技法與形式，瞭解不同創作要素的效果與差異，以方便進行藝術創作活動。
三	創作小怪獸	資訊教育	2-2-2 能操作視窗環境的軟體。 3-2-3 能操作常用之繪圖軟體。
		藝術與人文	1-2-3 參與藝術創作活動，能用自己的符號記錄所獲得的知識、技法的特性及心中的感受。
四	超人大戰恐龍	資訊教育	2-2-2 能操作視窗環境的軟體。 3-2-3 能操作常用之繪圖軟體。
		語文(英語)	6-1-9 在生活中有使用英語機會時，樂於嘗試。
五	龍貓等公車	資訊教育	2-2-2 能操作視窗環境的軟體。 3-2-3 能操作常用之繪圖軟體。
		藝術與人文	1-2-3 參與藝術創作活動，能用自己的符號記錄所獲得的知識、技法的特性及心中的感受。
六	祝你生日快樂	資訊教育	2-2-2 能操作視窗環境的軟體。 3-2-3 能操作常用之繪圖軟體。
		藝術與人文	3-2-11 運用藝術創作活動及作品，美化生活環境和個人心靈。
		語文(英語)	4-1-1 能書寫印刷體大小寫字母。
七	我的創意微電影	資訊教育	2-2-2 能操作視窗環境的軟體。 3-2-3 能操作常用之繪圖軟體。
		藝術與人文	1-2-2 嘗試以視覺、聽覺及動覺的藝術創作形式，表達豐富的想像與創作力。

本書學習資源

動漫式教學影音

課本

教學影音

學習網站

單元	課程內容
1-1	什麼是【3D】
1-2	3D繪圖軟體有哪些?
1-3	簡單又超強的【小畫家3D】
1-4	小畫家3D操作介面
1-5	3D繪圖的重要觀念
1-6	3D初體驗
	練功囉

播放範例
成果觀摩

免費圖庫下載

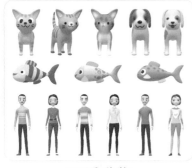

可愛動物

3D 模型

圖戳

豐富的學習資源～讓學習
變得超快樂！超有趣！

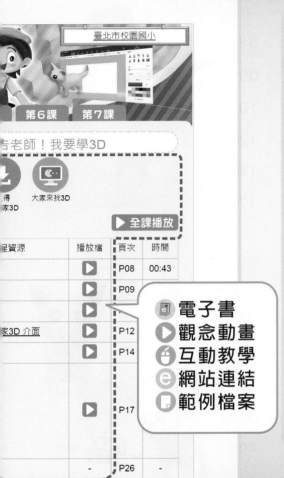

臺北市校園國小

第6課　第7課

告老師！我要學3D

大家來找3D

▶ 全課播放

	習資源	播放檔	頁次	時間
		▶	P08	00:43
		▶	P09	
		▶		
家3D 介面		▶	P12	
		▶	P14	
		▶	P17	
		-	P26	-

📖 電子書
▶ 觀念動畫
🖱 互動教學
🄴 網站連結
🄳 範例檔案

課程學習遊戲

小畫家 3D　認識介面

功能表

大家來找 3D

請點選找出3D的圖！

大家來找
3D　　第 1 關 ❓❓❓　　⏱ 2.00

公仔照片

卡通圖片

卡片用物件

目錄

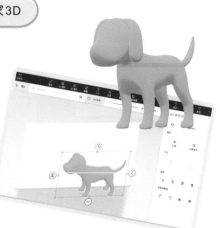

4 超人大戰恐龍 - 3D 媒體櫃與魔術去背

5 龍貓等公車 - 描圖、2D 變 3D 與創意組合

1 報告老師！我要學3D

－ 3D 概念與認識小畫家 3D

1 什麼是【3D】

2 3D繪圖軟體有哪些？

3 簡單又超強的【小畫家 3D】

4 小畫家 3D 操作介面

5 3D繪圖的重要觀念

6 3D初體驗

本 課 重 點

◎ 了解【3D】的含意

◎ 認識【小畫家 3D】

◎ 知道 3D 繪圖的重要觀念

1 什麼是【3D】

相對於【2D】(平面),【3D】就是【立體】的意思。假設2D是一張紙,3D就像是一個盒子,可以上、下、左、右,做360度檢視!

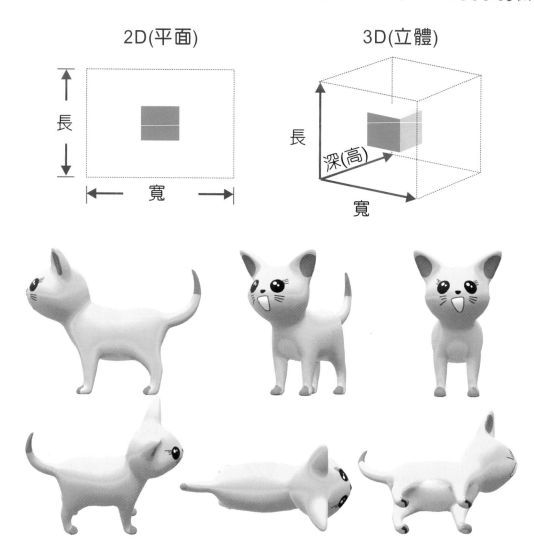

老師說

3D的概念,除了物件模型的360度檢視,還包含空間(場景)的立體概念,就像我們可以旋轉一棟房子或一個房間,來檢視裡面的家具擺設!

2 3D繪圖軟體有哪些？

免費的 3D 繪圖軟體非常多，例如【小畫家 3D】、【SketchUp】、【Tinkercad】、【123D Design】、【3Dtin】…，有的需要下載安裝，有些則是直接用瀏覽器在線上編輯。

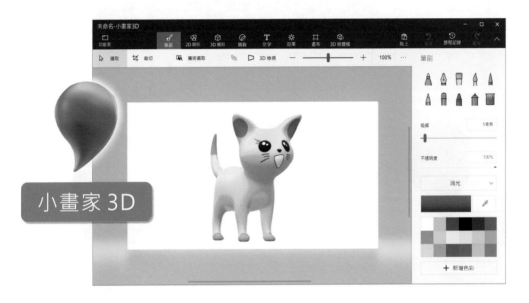

小畫家 3D

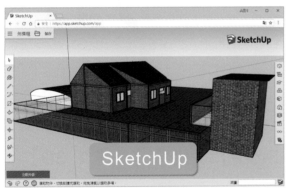

SketchUp

Tinkercad

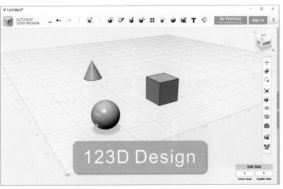

123D Design

3Dtin

簡單又超強的【小畫家 3D】

【小畫家 3D】是微軟公司開發的免費 3D 繪圖軟體,介面簡潔、操作簡單,但功能卻超強!非常適合初學 3D 的人使用喔!

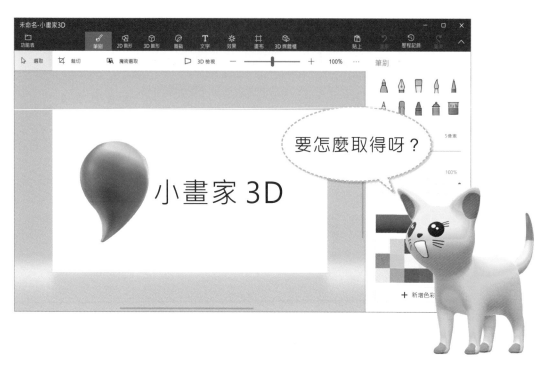

要怎麼取得呀?

◎ 如何取得【小畫家 3D】

方法一 更新系統(Windows 10)到最新版本,就會自動安裝好。

方法二 按 ⊞,點選【Microsoft Store】,搜尋【小畫家 3D】,再按【取得】執行安裝。

用【小畫家 3D】可以做什麼？

創作各式各樣的3D模型

創作各式各樣的創意組合畫

應用到其他軟體

製作成影片

插入到 PowerPoint 或 Word

④ 小畫家 3D 操作介面

按 ，點選【小畫家 3D】，啟動軟體後，按【新增】。

1 功能表

按一下 功能表 展開後，可選擇新增、開啟、插入、儲存、另存新檔、列印、分享...等功能。

2 工具列

筆刷、2D圖形、3D圖形、圖戳、文字、效果、畫布、3D媒體櫃...等工具。

3 選取與檢視列

選取、裁切、魔術選取與切換檢視模式、顯示大小...等工具。

4 畫布

可在此繪製2D平面圖，也可以當作3D場景的背景圖。

哇！操作介面真的超簡潔！

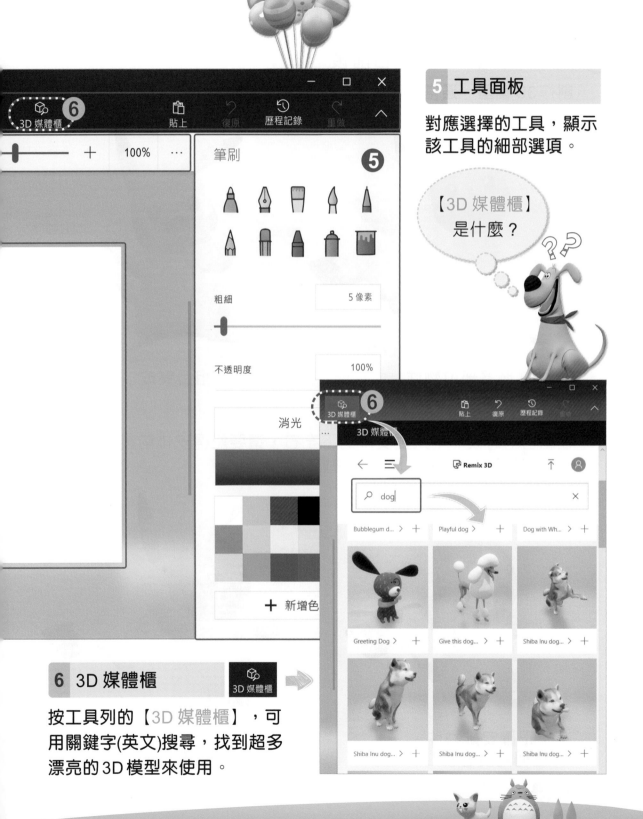

5 工具面板

對應選擇的工具，顯示
該工具的細部選項。

【3D 媒體櫃】
是什麼？

筆刷

粗細　　　　　　　5 像素

不透明度　　　　　100%

消光

新增色

6 3D 媒體櫃

按工具列的【3D 媒體櫃】，可
用關鍵字(英文)搜尋，找到超多
漂亮的 3D 模型來使用。

Remix 3D

dog

Bubblegum d...　Playful dog　Dog with Wh...

Greeting Dog　Give this dog...　Shiba Inu dog...

Shiba Inu dog...　Shiba Inu dog...　Shiba Inu dog...

⑤ 3D繪圖的重要觀念

了解以下幾個觀念，在創作3D繪圖時，就會比較得心應手喔！

◎ 組合的概念 - 上下左右前後

創作3D模型，通常是由好幾個物件組合而成的。

繪製各部位物件　　　　　　　　　組合完成

在組合的時候，不只要安排上下左右，還要記得安排前後的位置，否則在旋轉或3D檢視時，就會露出破綻喔！

正確安排物件，　　　　　　　　未正確安排物件，
任何角度看都OK！　　　　　　　旋轉後就破功啦！

幾何模型也能千變萬化

發揮創意與想像力，使用內建的幾何模型，再貼上或畫上圖案，也可以組合出超多漂亮的模型喔！

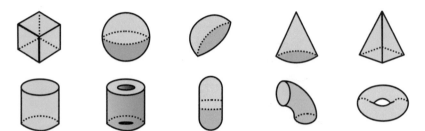

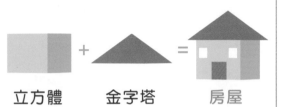

立方體　　　金字塔　　　房屋

球體　　　甜甜圈　　　飛碟

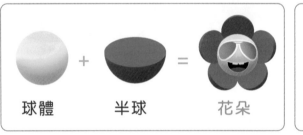

球體　　　半球　　　花朵

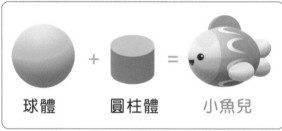

球體　　　圓柱體　　　小魚兒

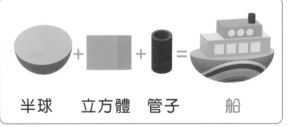

半球　　立方體　管子　　船

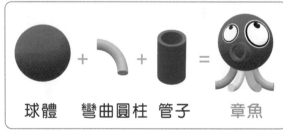

球體　　彎曲圓柱　管子　　章魚

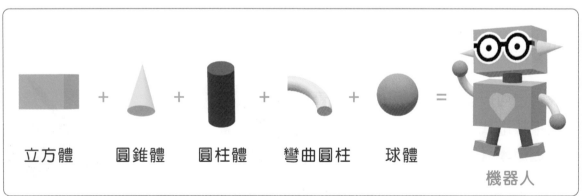

立方體　　圓錐體　　圓柱體　　彎曲圓柱　　球體

機器人

神奇的3D手繪工具

除了用幾何模型來組合，你還可以使用3D手繪工具來自由創作喔！

 老師說

我們也可以使用數位板 (含數位筆)
或平板取代滑鼠，來做電腦繪圖。
會更像拿【筆】畫圖的感覺喔！

6 3D初體驗

【小畫家 3D】有內建的 3D 模型，例如人、狗與貓...等等。讓我們插入其中一個，開始體驗一下什麼是 3D 吧！

就由我
來示範吧！

🎯 插入內建 3D 模型 - 小狗

1 啟動小畫家 3D，點選【新增】，建立一個新檔案

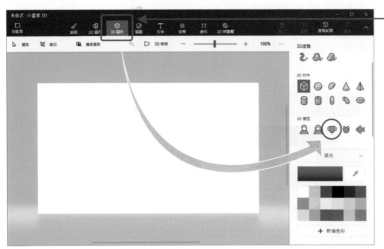

2 按 【3D 圖形】工具，然後到 3D 模型，點選 【狗】

小提示

若看不到 3D 模型項目，拖曳一下右方捲軸，放大視窗就會找到囉！

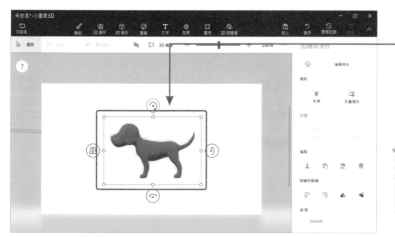

到畫布上點一下，或按住
左鍵拖曳，即可插入模型

快速改變色彩

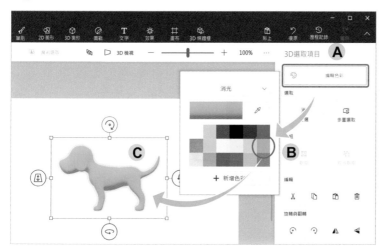

1 試試看改變一下顏色
吧！

Ⓐ 按【編輯色彩】

Ⓑ 點選想要的顏色，就會
快速變換色彩囉！

Ⓒ 到小狗上點一下，即可
關閉色票面板

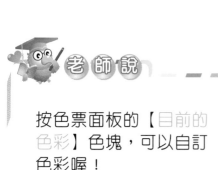

老師說

按色票面板的【目前的
色彩】色塊，可以自訂
色彩喔！

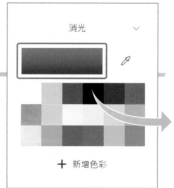
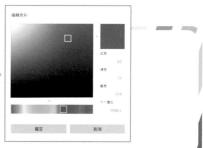

縮放、旋轉角度與調整遠近位置

使用選取框上的控點與按鈕，可縮放、旋轉角度與調整遠近位置喔！

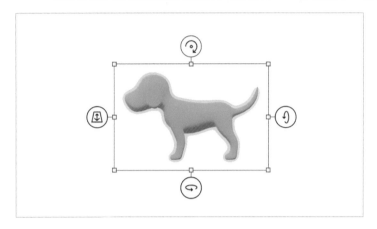

□　　縮放

圓周式旋轉

仰視或俯視旋轉

往左或右旋轉

調整遠近位置

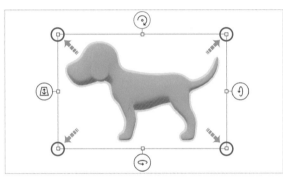

❶ 縮放

拖曳四個角落的 □ 控點，可等比例
縮放 (拖曳四周中間控點→任意縮放)

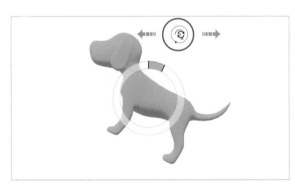

❷ 圓周式旋轉

按住 左右拖曳，可做圓周式旋轉
(順時針或逆時針)

❸ 仰視或俯視旋轉

按住 上下拖曳，可調整仰視與俯
視角度

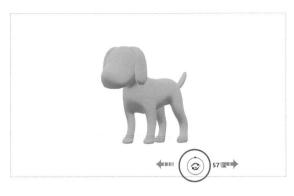

4 往左或右旋轉

按住 ↺ 左右拖曳，可調整左右角度

5 調整遠近位置

按住 ⬍ 上下拖曳，可調整遠近位置

3D 檢視

預設的視角是正面角度，切換到【3D 檢視】，會更有立體感，也更方便檢視模型在場景中的位置喔！

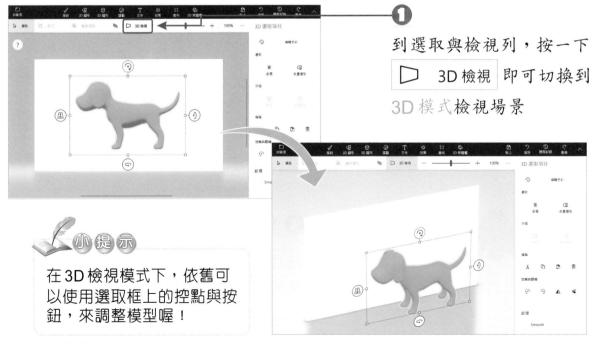

1

到選取與檢視列，按一下

▷ 3D 檢視 即可切換到

3D 模式檢視場景

小提示

在 3D 檢視模式下，依舊可以使用選取框上的控點與按鈕，來調整模型喔！

②

按 ··· 【檢視更多選項】，點選【檢視互動控制項】

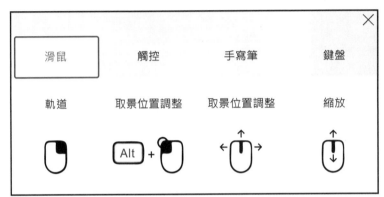

③

使用滑鼠、觸控、手寫筆與鍵盤的快速操作提示

以我們熟悉的滑鼠為例，最常用的有：

軌道
在物件不選取的狀態下，按住右鍵不放、上下左右拖曳，可360度調整檢視角度

取景位置調整
按住 Alt 鍵，再按住左鍵不放、上下左右拖曳，可調整場景在視窗中的位置

縮放
前後滾動滑鼠滾輪，可縮放場景顯示大小

滑鼠	觸控	手寫筆	鍵盤
軌道	取景位置調整	取景位置調整	縮放

④

按 ✕ 關閉提示面板，然後試著操作看看吧！

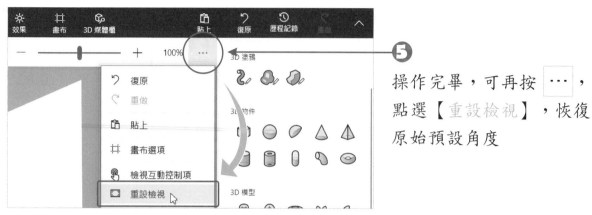

⑤ 操作完畢，可再按 [···]，點選【重設檢視】，恢復原始預設角度

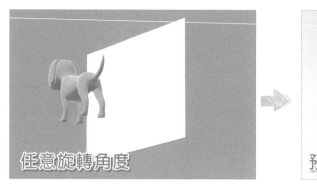
任意旋轉角度

預設3D檢視角度

⑥ 3D 檢視完畢，再按一次【3D 檢視】，即可回到預設的正面模式

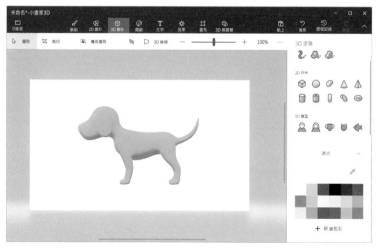

⑦

在預設檢視模式下，依舊可以使用滑鼠來調整場景的位置與顯示大小喔！

場景位置

場景大小

🎯 儲存成【專案】

　　【專案】會儲存檔案上所有3D模型與場景，方便開啓、繼續編輯。

按 🗂 功能表 【功能表】

按【儲存】後，再按【小畫家 3D 專案】

🖊 小提示

第一次儲存，會要求輸入檔名；下次若按【儲存】，就會直接覆蓋儲存。

若想另存一個專案，就要按【另存新檔】喔！

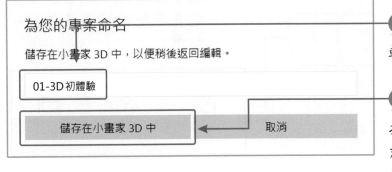

輸入檔名

按【儲存在小畫家 3D 中】就可儲存成專案，方便下次開啟來繼續編輯

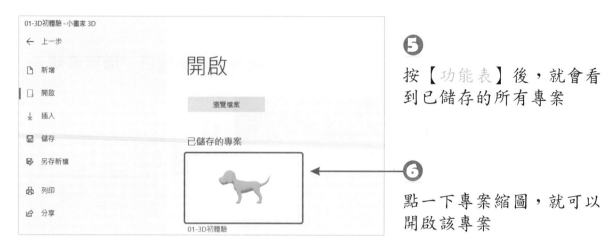

❺

按【功能表】後，就會看到已儲存的所有專案

❻

點一下專案縮圖，就可以開啟該專案

❼

另外，在啟動小畫家 3D 時，也可點選【開啟】，開啟已儲存的專案喔！

🎯 其他儲存格式

除了【專案】之外，你還可以儲存成 影像(平面)、3D 模型 與 影片 喔！

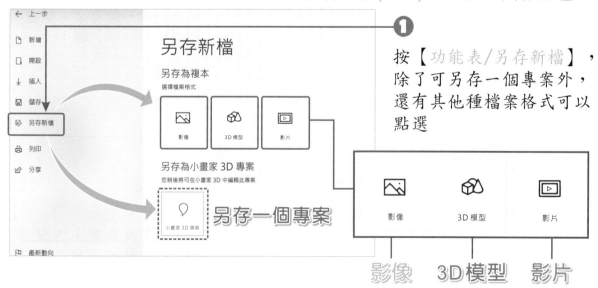

❶

按【功能表/另存新檔】，除了可另存一個專案外，還有其他種檔案格式可以點選

影像　3D模型　影片

影像

影像

平面的圖片

有【PNG】、【JPEG】、【GIF】...多種格式。其中【PNG】可以儲存成透明背景的圖片。

3D 模型

3D 模型

立體的模型物件

有【GLB】、【FBX】與【3MF】三種格式，但以GLB使用最方便。

> 其中【3MF】是較通用的3D檔案格式，大多數的3D軟體都能開啟。

影片

影片

簡單的影片或動態GIF

可選擇轉盤、搖擺或跳躍轉身等動作，儲存成【MP4】或動態【GIF】格式檔案。

下一課來畫一隻可愛的我吧！

喵~

( )1 下面哪個不是【3D】軟體？

　　1. 小畫家 3D　　　　2. PhotoCap　　　　3. SketchUp

( )2 用哪個按鈕，可圓周式旋轉模型？

　　1. ⟲　　　　　　2. ⟳　　　　　　3. ⬆

( )3 用哪個按鈕，可左右旋轉模型？

　　1. ⟲　　　　　　2. ⟳　　　　　　3. ⬆

( )4 用哪個按鈕，可調整模型的遠近位置？

　　1. ⟲　　　　　　2. ⟳　　　　　　3. ⬆

試著在本課練習成果中，繼續加入男、女人物的 3D 模型，並變換顏色、調整位置與角度，來跟小狗作伴吧！

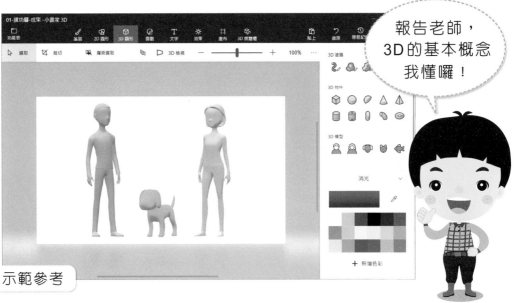

示範參考

報告老師，3D 的基本概念我懂囉！

2 可愛小貓咪

－ 筆刷綜合運用

1 塗塗畫畫超 Easy

2 本課練習提要

3 插入貓咪與設定基本色

4 來畫圖吧！

5 自訂畫布大小與畫背景

6 貓咪喵喵叫

大方送 - 可愛動物

本 課 重 點

◎ 了解各種筆刷的筆觸

◎ 學會用筆刷來畫圖

◎ 學會調整畫布大小

塗塗畫畫超Easy

用【筆刷】來塗鴉，一直都是最方便、快速、自然的繪圖方式。
小畫家 3D 共有 8 種筆刷，不管是在 3D 模型上，或平面的畫布上，
都可以盡情塗鴉！

 麥克筆

書寫筆

油畫筆刷

水彩

像素筆

鉛筆

蠟筆

噴罐

老師說

在【筆刷】中，還有兩個
比較特殊的工具：

 填滿
用選定的顏色
填滿區域。

 橡皮擦
擦掉不要的圖
案 (露出底色)

28

2 本課練習提要

本課先用【模型】畫一隻貓咪，再使用【筆刷】畫上可愛的表情與背景圖，然後讓牠喵喵叫吧！

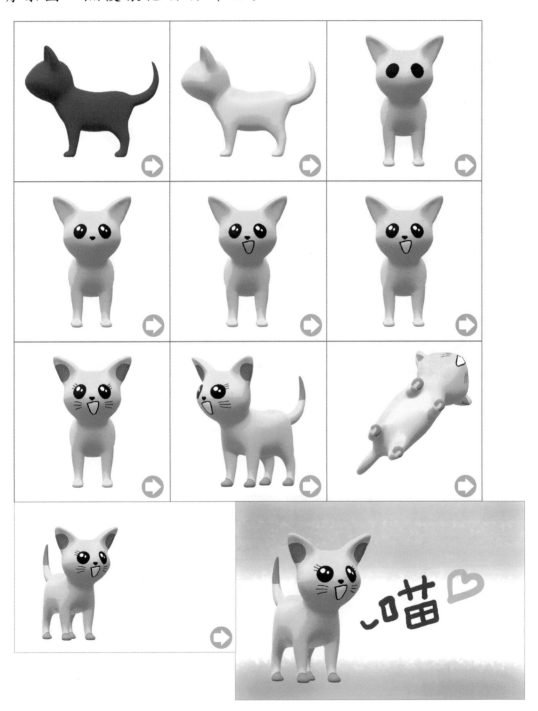

插入貓咪與設定基本色

現在還不會自己製作模型，貓咪的模型要從哪兒來呀？別忘了內建的 3D 模型裡就有喔！趕快叫牠出來吧！

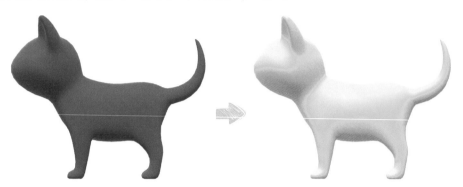

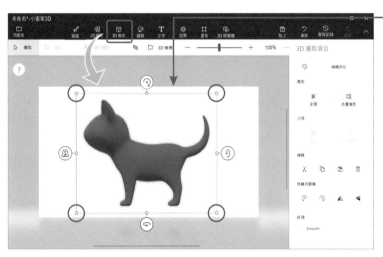

❶

新增一個檔案，按 **3D 圖形**，從 3D 模型中插入一隻貓，然後拖曳角落控點稍微放大一下

3D 模型

小提示

如何插入內建的3D模型，在第1課就學過囉！

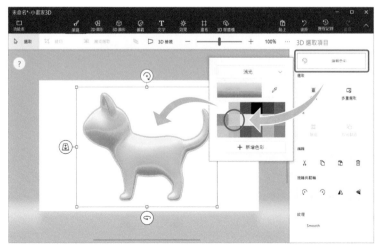

❷

按【編輯色彩】，點選 (金色)，設定整個模型的底色

4 來畫圖吧！

接著讓我們用【麥克筆】畫五官、幫腳與尾巴上色，再用【噴罐】畫一個可愛的小肚皮吧！

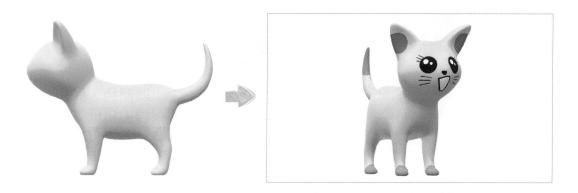

🎯 用【麥克筆】畫眼睛

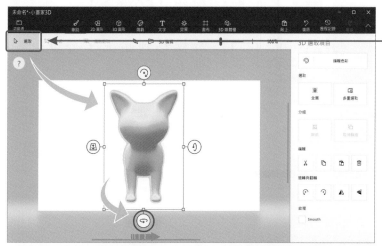

1 若已取消選取，記得按【選取】工具，點選貓咪

接著按住 旋轉貓咪到正面(90度)

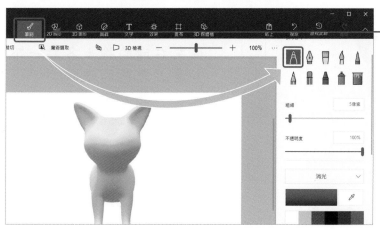

2 按 【筆刷】工具，

點選 【麥克筆】

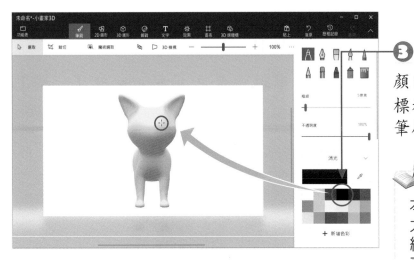

3

顏色點選 ■ (黑色)，將游
標移到貓咪的臉上，發現
筆刷有點小

小提示

本課練習所設定的筆刷
大小與顏色，只是參考。
繪製時，可依實際需要
或喜好，自行決定喔！

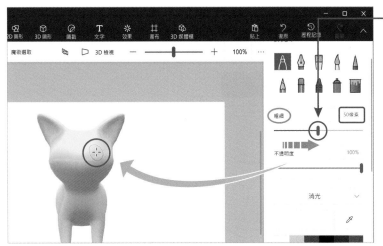

4

拖曳【粗細】的捲軸，直
到約【50像素】

游標移到臉上，發現筆刷
變大囉！

小提示

按鍵盤的 [或]，也可
縮放筆刷大小喔！

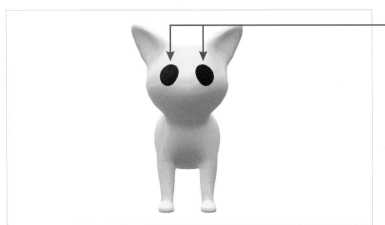

5

在左右邊的臉上各點一下
，畫上黑色的眼睛

小提示

隨時都可以按 Ctrl + Z
復原後，再重畫。

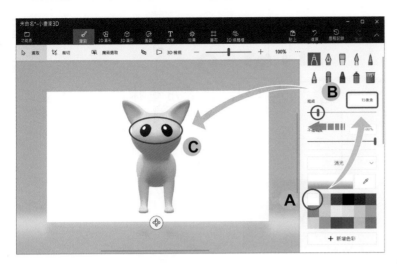

6

接著畫上反光白點

Ⓐ 點選 □ (白色)

Ⓑ 調整粗細約【15像素】

Ⓒ 到黑眼珠上(圖示位置)，點一下畫上白點

🖋 小提示

用 🖊【橡皮擦】可擦掉不要的圖案喔！

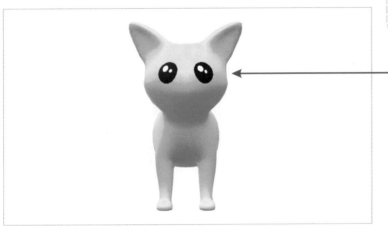

7

調整更小的筆刷(約8像素)，再點上兩個小白點，眼睛就顯得水汪汪啦！

◎ 放大檢視與畫鼻子

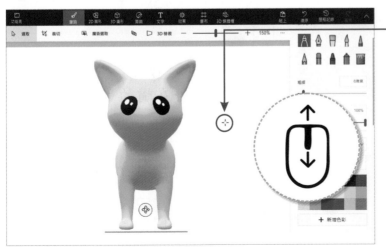

1

游標停留在畫布上，向前滾動滑鼠滾輪，放大畫面，讓臉顯得更大一點

🖋 小提示

向前滾動滾輪 → 放大。
向後滾動滾輪 → 縮小。

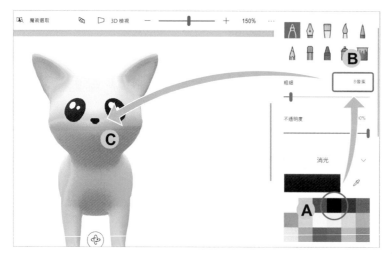

❷

接著用塗抹的方式，畫上鼻子吧！

Ⓐ 點選 ■(黑色)

Ⓑ 調整 粗細 約【8像素】

Ⓒ 到臉上塗抹畫上鼻子

🖋 **小提示**

顯示大小可以依個人需要縮放，以方便繪製喔！

🎯 畫嘴巴與填滿顏色

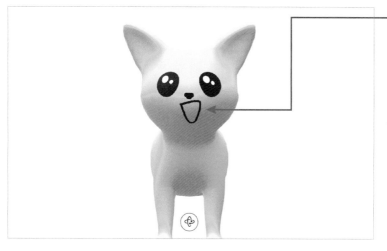

❶

調整筆刷大小(約4像素)，繼續畫出嘴巴輪廓

🖋 **小提示**

注意：線段要接起來，不能有空隙，否則填色時，顏色會跑出去。

 ⭕ ✕

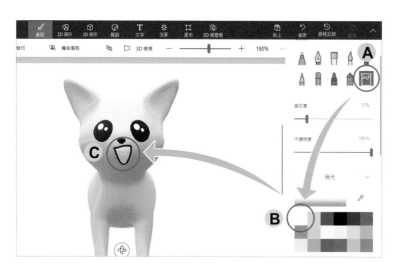

❷

接著在嘴的部分填入白色

Ⓐ 點選 🪣【填滿】工具

Ⓑ 點選 □(白色)

Ⓒ 到嘴巴內部點一下，填入白色

畫睫毛、鬍鬚與耳朵陰影

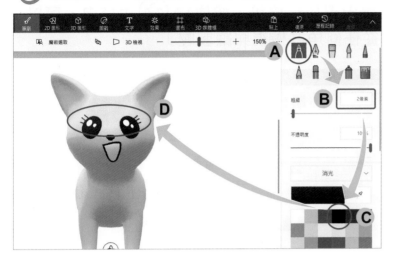

1

接著畫上睫毛與鬍鬚

Ⓐ 點選 【麥克筆】

Ⓑ 調整粗細約【2像素】

Ⓒ 點選 ■ (黑色)

Ⓓ 到眼睛上畫出睫毛

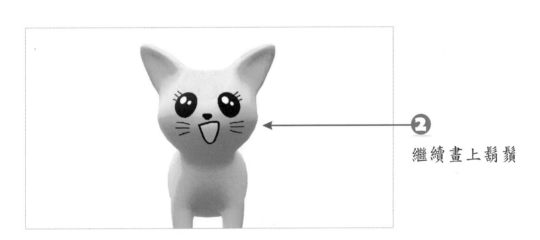

2

繼續畫上鬍鬚

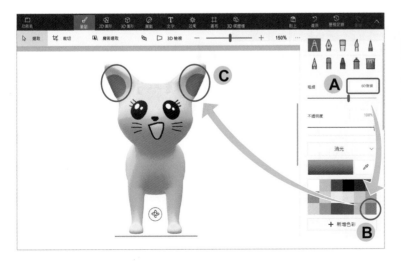

3

再畫上耳朵的陰影，頭部就繪製完成囉！

Ⓐ 調整粗細約【60像素】

Ⓑ 點選 ■ (褐色)

Ⓒ 到兩個耳朵上，點一下畫出陰影

◎ 畫腳與尾巴

在使用筆刷時，模型上會出現 ⊕ 按鈕；按住它 ⊕ 再拖曳，可以 360 度旋轉模型，方便從任何角度檢視與繪製喔！

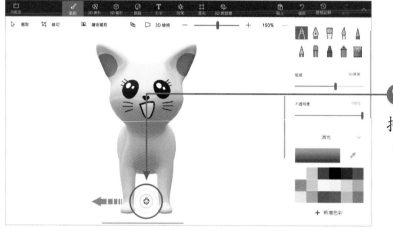

1 按住 ⊕ 不放，往左拖曳，旋轉角度

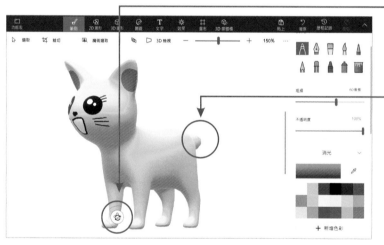

2 直到可以清楚看見四支腳後，放開左鍵

3 咦？旋轉時發現尾巴與部分的腳，被穿透在白色畫布後面了

來調整一下模型的前後位置吧！

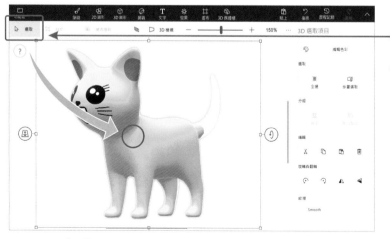

4 按【選取】工具，接著點選貓咪

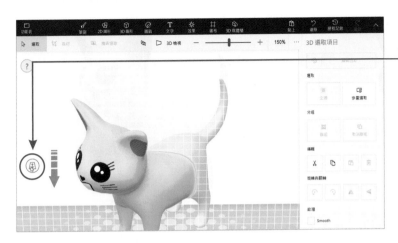

5

按住 ⬆、向下拖曳，直
到可以看見完整的模型，
貓咪就移到畫布前方囉！

6

按【筆刷】工具後，在腳
上畫上顏色

Ⓐ 點選 ⚟ 【麥克筆】

Ⓑ 調整粗細約【60像素】

Ⓒ 點選 ⬛ (橙色)

Ⓓ 到腳上點一下或塗抹，
   填上顏色(約圖示位置)

在較小的部位上繪製，要注意筆刷的 ○ 形狀要落在模型上，
否則會畫到畫布上喔！
(若不小心畫到畫布，按 `Ctrl` + `Z` 復原後，再重畫吧！)

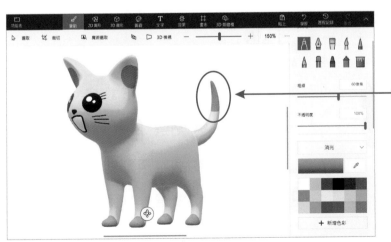

7

接著繼續替尾巴上色

8 按住 🔄 拖曳，將貓咪翻到另一面，發現腳與尾巴有地方沒畫到

9 讓我們補畫一下顏色吧！(記得尾巴的後面也要補喔！)

🎯 用【噴罐】畫肚皮

　　用噴罐畫出的圖案會有柔化的邊緣，讓我們用它來畫軟軟的肚皮。

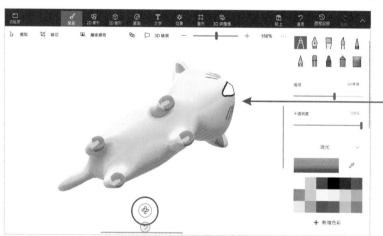

1 使用 🔄 旋轉角度，直到完整顯示肚子

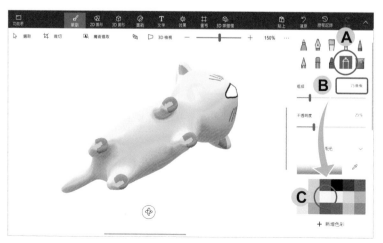

2 接著做以下設定：

A 點選 🛢 【噴罐】

B 調整粗細約【75像素】

C 點選　(淺黃色)

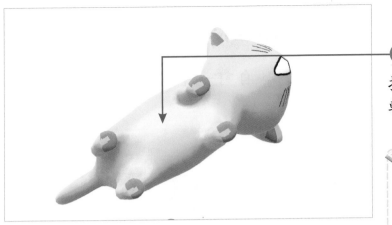

接著用塗抹的方式，畫上
軟嫩的肚皮吧！

小提示

記得常常使用 ，來檢
視哪裡沒畫到喔！

按【 ··· /重設檢視】，
恢復到預設顯示大小
(恢復到100%)

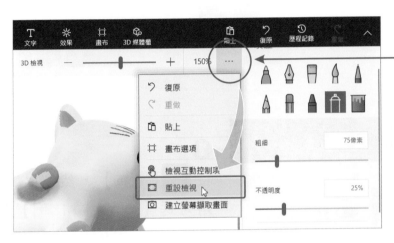

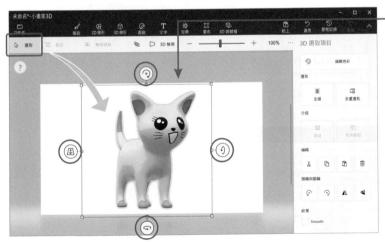

按【選取】，點選貓咪，
然後調整貓咪的角度(約
如圖示)

小提示

若還是有部分穿透於畫布
，記得調整一下遠近喔！

可愛的貓咪畫好囉！按【功能表/儲存/小畫家3D專案】，將目前
的成果儲存起來吧！(檔名例如：02-可愛小貓咪)

5 自訂畫布大小與畫背景

【畫布】在3D場景上，就是背景圖。自訂一下它的大小，然後讓我們在上面畫畫吧！

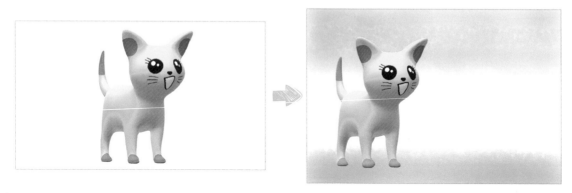

🎯 自訂【畫布】大小

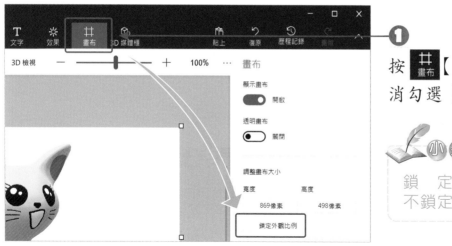

1

按 【畫布】，然後取消勾選【鎖定外觀比例】

小提示

鎖　定 → 等比例縮放。
不鎖定 → 任意縮放。

2

拖曳畫布控點，即可隨意自訂想要的大小

小提示

也可輸入數值來更改大小：

寬度	高度
805像素	536像素

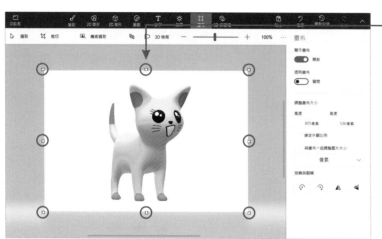

用【水彩】畫背景

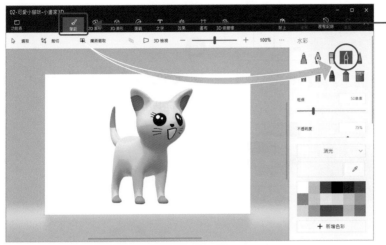

① 按 【筆刷】工具，
點選 【水彩】

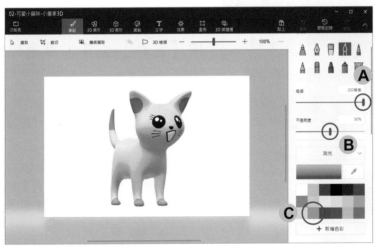

② 設定粗細、不透明度與色彩

Ⓐ 拖曳粗細捲軸到最右方 (200像素)

Ⓑ 拖曳不透明度捲軸，調整約為【50%】

Ⓒ 點選 (淺粉藍)

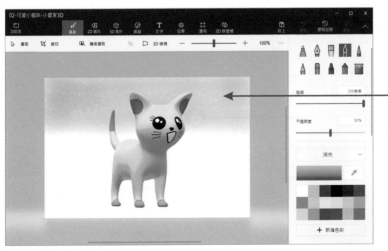

③ 到畫布上半段，塗抹畫上色彩

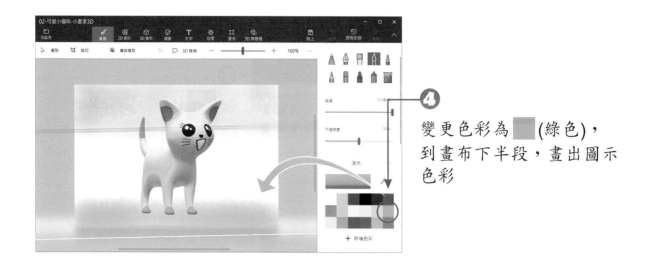

④ 變更色彩為 ▮ (綠色)，到畫布下半段，畫出圖示色彩

⑤ 按【選取】工具，點選貓咪

小提示

點選模型後，隨時都可以【3D 檢視】，看看它在場景中的位置是否適當。

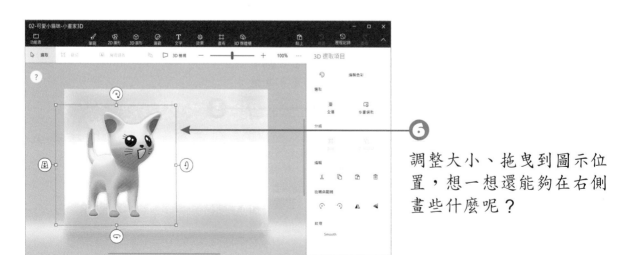

⑥ 調整大小、拖曳到圖示位置，想一想還能夠在右側畫些什麼呢？

6 貓咪喵喵叫

場景中只有一隻貓，感覺有點單調...對了！讓貓咪喵喵叫，畫面就
會變得更活潑生動囉！趕快來看看怎麼做吧！

🎯 用【書寫筆】來寫字與畫圖

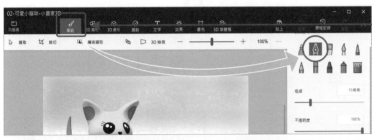

①

按 【筆刷】工具，

點選 🖊【書寫筆】

②

設定粗細、不透明度與色
彩後，徒手寫字

A 調整粗細約【15像素】

B 不透明度調整為【100%】

C 點選 ■ (深灰)

D 到畫布上，就可以徒手
寫出文字囉！

③

變換顏色(■ 玫瑰紅)，
再畫一個愛心吧！

🎯 儲存成平面影像 -【PNG】格式

成果除了可以另存成專案外，還能儲存成平面的影像喔！

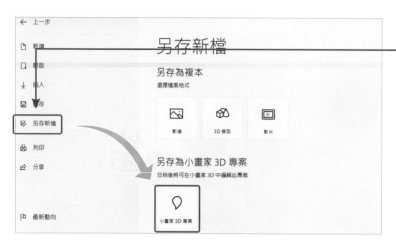

①

先按【功能表/另存新檔/
小畫家 3D 專案】，命名
後儲存 (檔名例如：02-貓
咪喵喵叫)

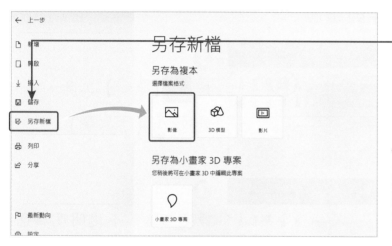

②

再按【功能表/另存新檔】
，點選【影像】

小提示

2D平面影像的格式，有
很多可以選，例如 PNG
、JPEG、GIF...等等。

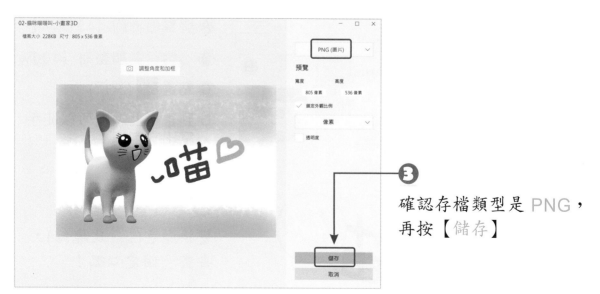

③

確認存檔類型是 PNG，
再按【儲存】

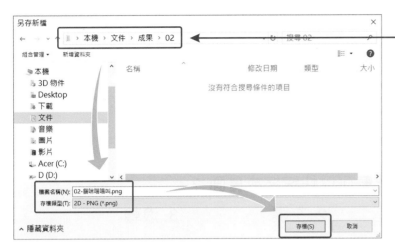

④ 開啟儲存資料夾，輸入檔名，存檔類型點選【2D-PNG】後，按【存檔】

就儲存成平面影像囉！

大方送　可愛動物

本書光碟【大方送】中，有【可愛動物】圖片要送給你喔！

 練功囉

( )1 下面哪個是【麥克筆】？

1. 2. 3.

( )2 使用滑鼠的什麼可以快速縮放畫面？

1. 右鍵　　　　2. 左鍵　　　　3. 滾輪

( )3 使用筆刷時，用哪個按鈕，可以旋轉模型？

1. 2. 3.

( )4 想恢復預設的顯示大小，要按？

1. ··· 　　　　2. ＋　　　　3. ─

 練功囉

發揮創意！試著將本課可愛小貓咪的練習成果，變成一隻你心中想像的小花貓吧！

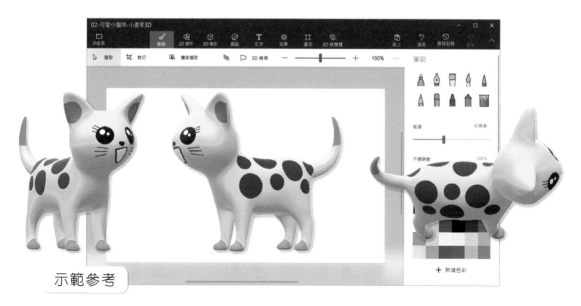

示範參考

3 創作小怪獸

— 3D 物件、3D 塗鴉與圖戳

1 擋不住的想像力

2 本課練習提要

3 製作身體與眼球-3D物件

4 貼上眼睛、腮紅與嘴巴-圖戳

5 畫出手、腳與頭髮-3D塗鴉

6 儲存成3D模型

懂更多-3D列印

懂更多-插入3D模型到Office

大方送-3D模型與圖戳

本課重點

◎ 學會組合3D物件

◎ 學會用3D塗鴉來創作

◎ 學會圖戳的使用

擋不住的想像力

因為想像力無限大！所以創作才會這麼有趣！發揮想像力、使用【3D物件】與【3D塗鴉】(也可搭配筆刷)，一起來創作吧！

可以先在紙上
畫一下草稿，
再開始創作喔！

本課練習提要

這一課讓我們來創作一隻小怪獸吧！學會這一課的技巧，你就可以盡情發揮，創作自己專屬的怪獸喔！

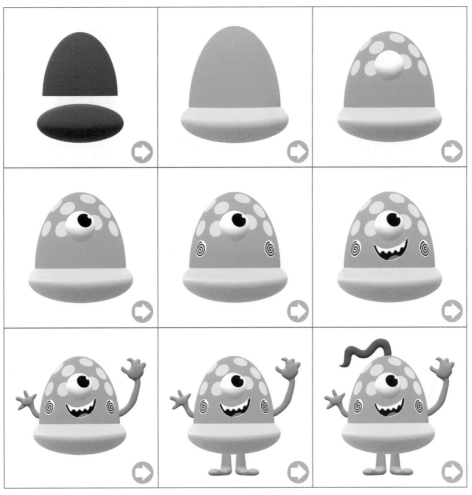

最後再幫我做一頂帽子就完成啦！

嘿！你心中的小怪獸長什麼樣子呢？

3 製作身體與眼球-3D物件

還記得在第1課有提到用幾何模型就可以組合出很多作品嗎？
現在讓我們實際練習，用它們來做小怪獸的身體吧！

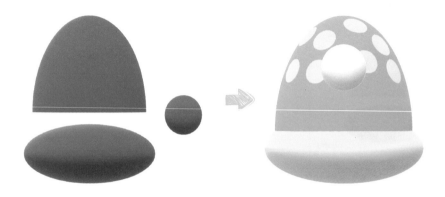

◎ 加入【半球】與縮放

新增一個檔案後，按【畫布】，調整畫布大小約如圖示(取消鎖定外觀比例)

🔖 小提示

也可輸入數值(參考)約：
寬度-700像素、
高度-650像素。

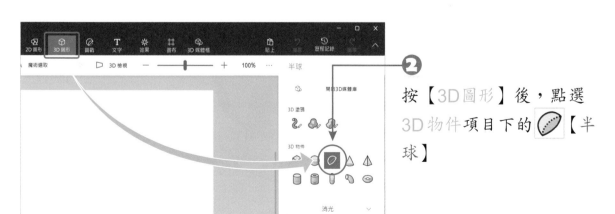

按【3D圖形】後，點選3D物件項目下的 🥚【半球】

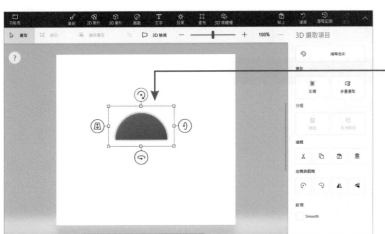

3 到畫布上點一下，插入一個半球體

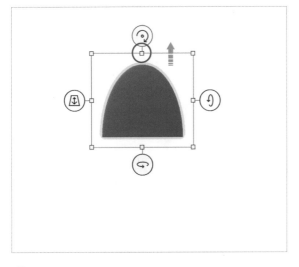

4 拖曳上方中央控點，不等比例拉長一下物件

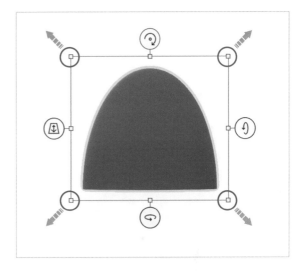

5 拖曳四個角落控點，等比例放大物件

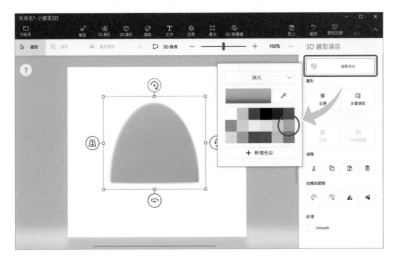

6 按【編輯色彩】，點選 ■ (綠色)

🎯 加入【球體】與縮放

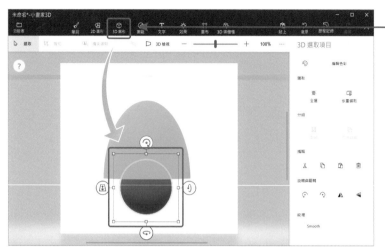

按【3D圖形】，點選 【球體】後，到畫布上點一下，加入一個正圓形物件

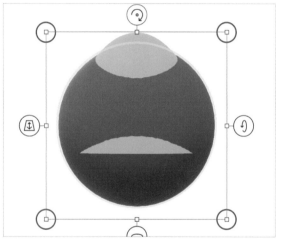

2 拖曳四個角落控點，等比例放大物件

3 拖曳四周中央控點，不等比例調整一下物件的形狀

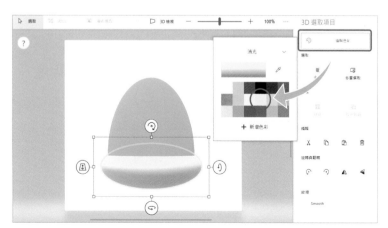

4 按【編輯色彩】，點選 (黃色)

◎ 調整物件位置

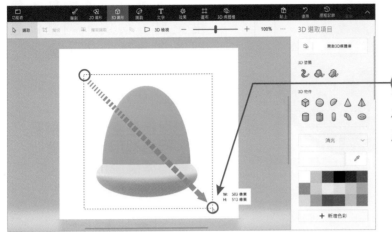

1 從左上向右下,拖曳框選所有物件

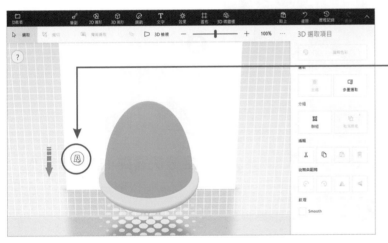

2 按住選取框上的,向下拖曳,將物件確實置於畫布前方(不被隱藏在畫布後)

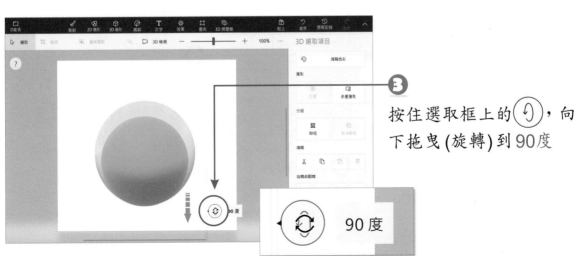

3 按住選取框上的,向下拖曳(旋轉)到90度

90度

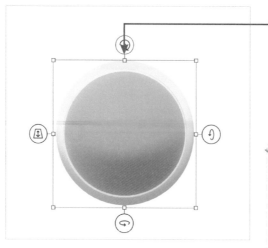

點一下選取綠色物件,使用鍵盤方向鍵,調整位置到黃色物件的正中央

小提示

也可按住物件拖曳移動,但這裡用方向鍵會比較精準調整位置喔!

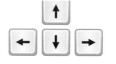

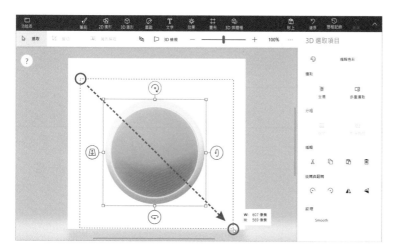

⑤

再度框選所有物件

小提示

全選快速鍵: Ctrl + A

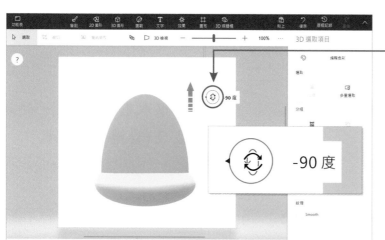

⑥

按住選取框上的 ↺,向上拖曳(旋轉)到-90度(轉回原來的角度)

54

加入小圓球與調整

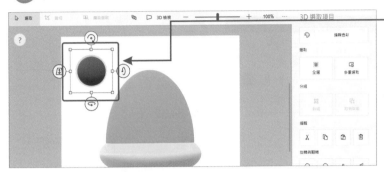

1

按【3D圖形】，再加入
一個圓球體，並等比例
縮小約如圖示

然後做以下調整與設定：

Ⓐ 拖曳圓球到圖示位置

Ⓑ 使用 ⬇ ，將圓球移到綠色物件前方

Ⓒ 全選物件後，按住
⟲ 向右旋轉90度

Ⓓ 點選圓球體、調整位
置約如圖示

Ⓔ 再度全選物件，按住
⟳ 向左旋轉-90度

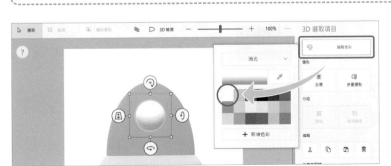

2

點選圓球體後，按【編輯
色彩】，點選 ☐ (白色)

🎯 用筆刷畫斑點

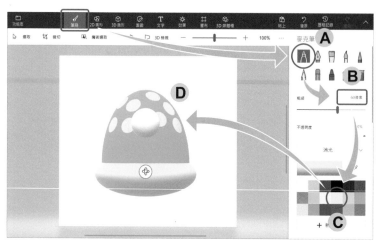

1

按【筆刷】，在綠色的身體上畫斑點：

A 點選【麥克筆】

B 設定粗細約【60像素】

C 色彩點選 ▇ (黃色)

D 用點一下的方式，畫上斑點

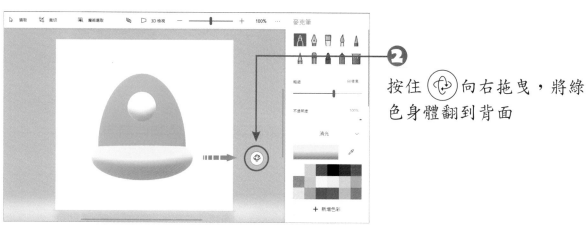

2

按住 🔄 向右拖曳，將綠色身體翻到背面

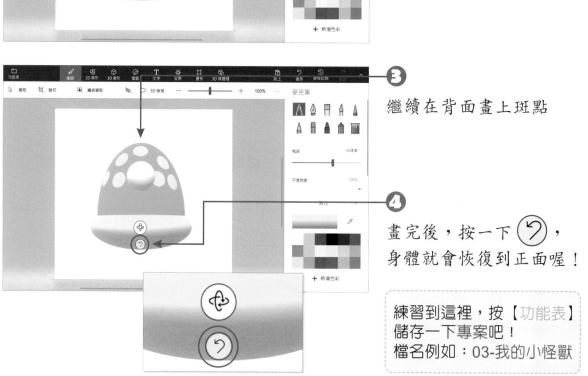

3

繼續在背面畫上斑點

4

畫完後，按一下 ↺ ，身體就會恢復到正面喔！

練習到這裡，按【功能表】儲存一下專案吧！
檔名例如：03-我的小怪獸

4 貼上眼睛、腮紅與嘴巴-圖戳

臉部表情除了可以用筆刷來畫,還可以用【圖戳】喔!它就像貼紙一樣,貼上去、調大小、轉一轉、調位置,就可以啦!

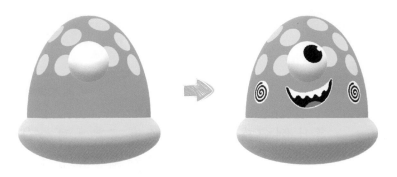

貼上內建圖戳變眼珠

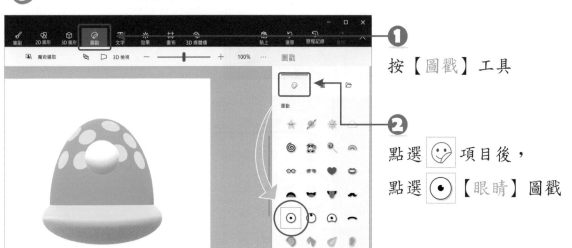

1 按【圖戳】工具

2 點選 😛 項目後,
點選 ⊙ 【眼睛】圖戳

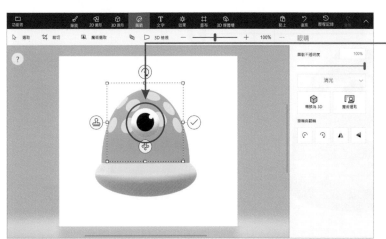

3 到白色眼睛上點一下,貼上圖戳

 小提示

在剛貼上時,會呈現被選取的狀態;想移除,可直接按 Delete 。

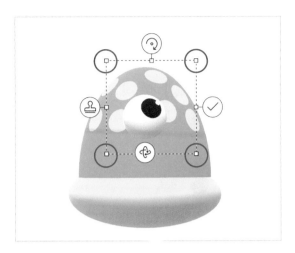

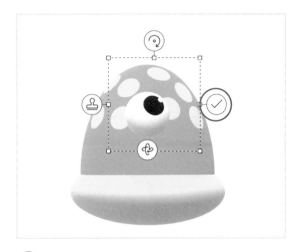

④ 拖曳角落的控點，等比例縮放
　　圖戳約如圖示

⑤ 若有需要，可按住圖戳，拖曳
　　移動調整位置；然後，按 ✓
　　確認

🎯 貼上內建圖戳變腮紅

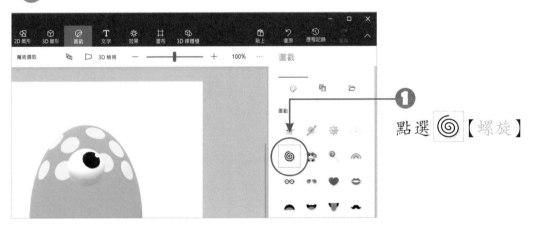

點選 ◎【螺旋】 ①

② 縮小圖戳、並拖曳調整位
　　置如圖示

📖 小提示

拖曳控點 → 縮放。
拖曳圖戳 → 移動位置。

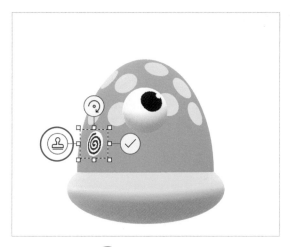 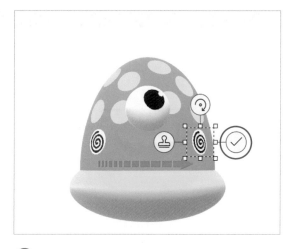

3 按一下 🔨 複製圖戳

4 拖曳複製的圖戳到右方圖示位置，按 ✓ 確認

◎ 貼上自備圖戳變嘴巴

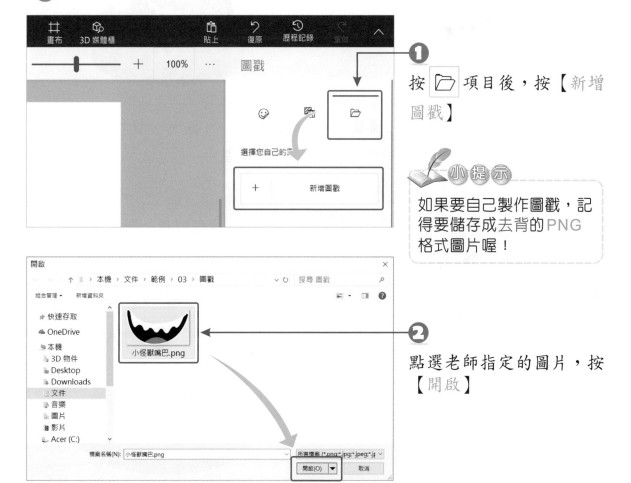

1 按 📁 項目後，按【新增圖戳】

✐ 小提示

如果要自己製作圖戳，記得要儲存成去背的 PNG 格式圖片喔！

2 點選老師指定的圖片，按【開啟】

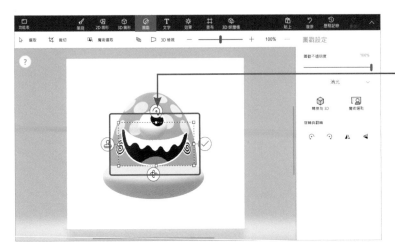

哇！這個圖戳真是有夠大！讓我們調整一下吧！

④ 拖曳角落的控點，等比例縮放圖戳約如圖示

⑤ 按住 ⟲ 拖曳，旋轉一下角度約如圖示

⑥ 拖曳圖戳調整一下位置，然後按 ✓ 確認

耶！
我有眼睛、腮紅與嘴巴囉！

5 畫出手、腳與頭髮-3D塗鴉

除了用 3D 物件來組合，用【3D塗鴉】的方式更可以盡情揮灑你的想像力喔！趕快來畫畫看！

🎯 畫手與調整厚度、大小、位置

❶

按 🔲 【3D圖形】，點選 3D塗鴉項目下的 🖌 【柔邊】

🖌	畫長條狀或短塊物件
🖌	畫邊緣平滑物件
🖌	畫邊緣銳利物件

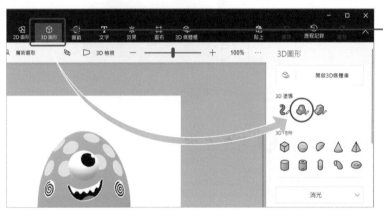

❷

接著按住左鍵拖曳塗鴉，畫出一隻手

注意：
終點要回到(或靠近)起點處，才放開左鍵喔！

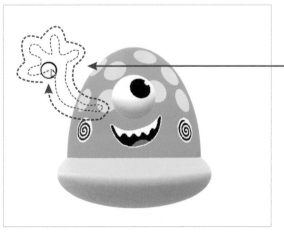

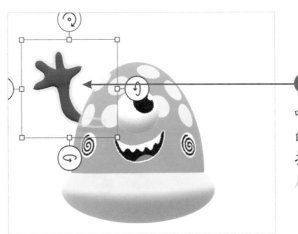

3

哇！輕輕鬆鬆就畫出立體的手了！
接下來讓我們調整它的厚度與位置

4 按住 ⟳ 向右拖曳，旋轉至90度

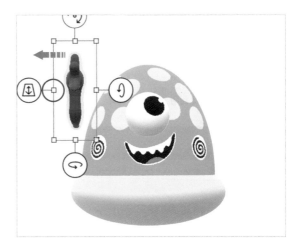

5 拖曳左方中央控點，調整厚度

6 旋轉回 -90度

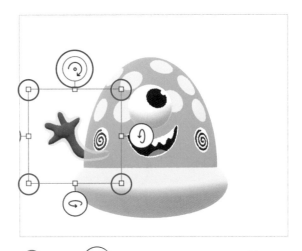

7 使用 ⟳ 與拖曳控點，旋轉、縮小，並移動到圖示位置

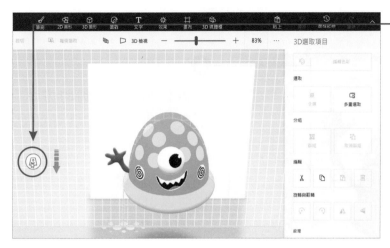

⑧

按住 ⬍ 調整前後，到大約側面的中央位置

✏️ 小提示

3D檢視下，若還是不好判斷前後關係，可以全體左右旋轉，再點選手調整位置 (完成後，再全體旋轉回來)。

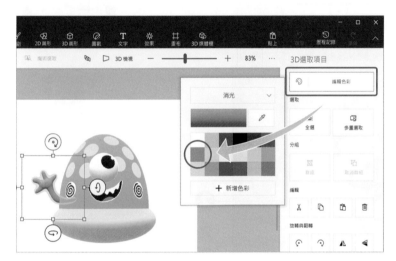

⑨

按【編輯色彩】，點選 ▉ (橙色)

⑩

繼續使用3D塗鴉的技巧，製作出另一隻手吧！

✏️ 小提示

使用滑鼠滾輪放大畫面，再進行繪製，可以畫得更精細些喔！

畫腳與調整

1 一樣使用 3D 塗鴉的方式，先畫一隻腳、並填好顏色

> 在灰色區域上也可以 3D 塗鴉！畫好再拖曳進來就可以囉！

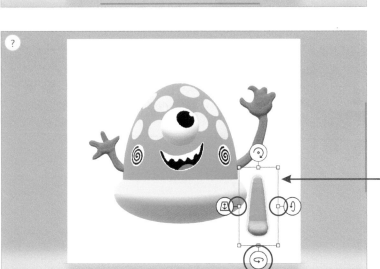

2 旋轉到側面 (90度)，調整厚度

3 拖曳到圖示位置，並稍微向左轉一下角度
(記得也要調整前後位置喔！)

複製與翻轉

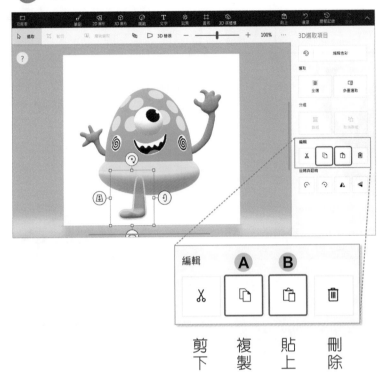

1

在選取狀態,讓一隻腳,變兩隻腳:

A 按一下 🗋【複製】

B 再按一下 📋【貼上】

小提示

複製快速鍵:Ctrl + C
貼上快速鍵:Ctrl + V

編輯

	A	**B**	
✂	🗋	📋	🗑

剪下　複製　貼上　刪除

2

按一下 🔺【水平翻轉】,再拖曳翻轉後的腳到圖示位置

(如有需要,還可再調整一下雙腳的位置)

旋轉與翻轉

向左旋轉　向右旋轉　水平翻轉　垂直翻轉

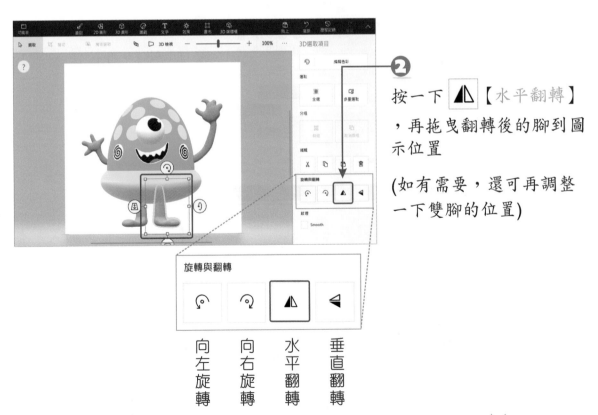

◎ 畫頭髮

1 使用目前學到的技巧，為
小怪獸加入一撮頭髮吧！

我想畫別種髮型
可以嗎？

◎ 做頂帽子吧！

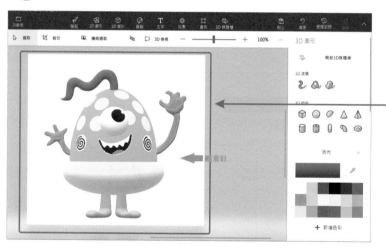

1 按住 Alt ，再按住左鍵，
拖曳畫面到左邊

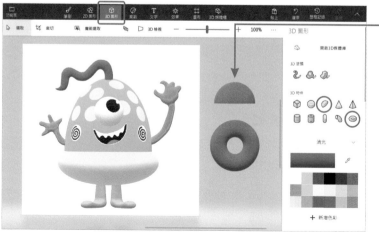

2 按【3D圖形】，加入一個
半球與甜甜圈物件，並設
定色彩

3D 物件

3

旋轉甜甜圈調整大小，並與半球進行組合
(記得調整前後位置喔！)

📖 小提示

參考P53 **3** ~ P54 **6** 步驟

🎯 群組

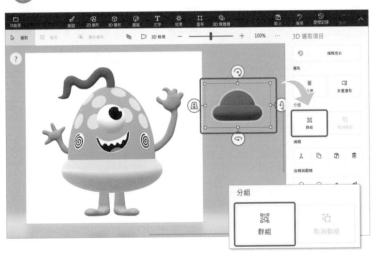

1

框選帽子的兩個物件 (半球與甜甜圈)，然後按

【群組】

📖 小提示

想取消群組，就點選物件，然後按【取消群組】。

2

調整帽子的位置與角度，讓手拿著帽子吧！

📖 小提示

完成後，順便全選所有物件，將它們群組起來吧！

6 儲存成3D模型

將作品儲存成【3D 模型】，就可以插入到其他專案使用，或者應用到其他軟體上 (例如 Office 2019 版本的文書軟體) 喔！

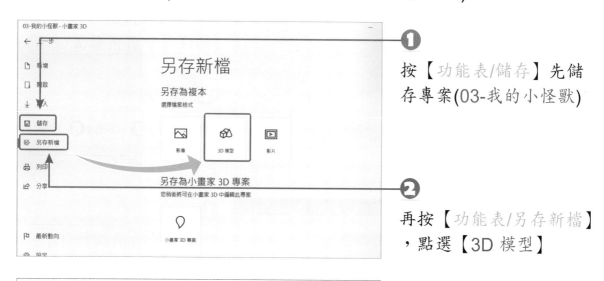

❶

按【功能表/儲存】先儲存專案(03-我的小怪獸)

❷

再按【功能表/另存新檔】，點選【3D 模型】

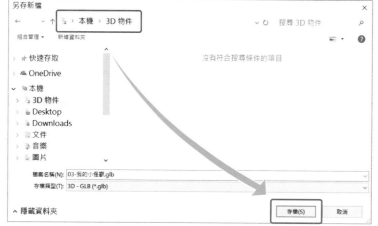

❸

開啟儲存資料夾，直接按【存檔】

預設的儲存資料夾是【本機/3D 物件】；預設的格式是【glb】

有需要的話，可以自訂檔名喔！

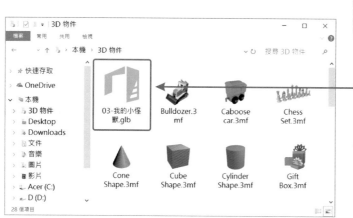

❹

開啟儲存資料夾，就可以看到檔案囉！

懂更多　3D 列印

將 3D 模型列印成實體物件

● 若家裡有 3D 印表機，可以直接從小畫家 3D 將作品列印出來：

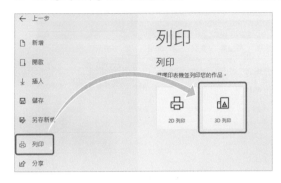 

1 按【功能表/列印】，點選【3D 列印】。

2 做好各種設定後，就可以列印出實體物件囉！

● 你也可以將 3D 模型檔案，帶到 3D 列印服務店家去列印喔！

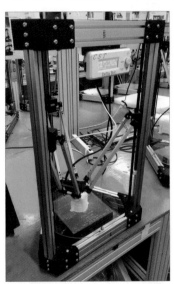  

找店家列印，可能需要先將檔案轉檔成【stl】...等 3D 列印常用格式。至於如何轉檔，可以參考教學影片！

有的店家可以彩色列印，但大多數是單色列印。我們可以在完成 3D 列印後，再自行上色喔！

懂更多　插入 3D 模型到 Office

3D 模型也可應用到 Office 軟體，讓文件更生動！

目前 Office 2019 版本 的軟體，可支援插入 3D 模型喔！

以 PowerPoint 為例：

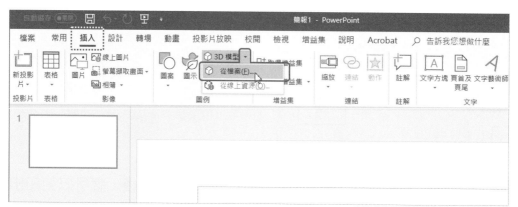

❶ 啟動 PowerPoint，按【插入】標籤，再按【3D 模型 ▾ / 從檔案】。

❷ 點選想插入的 3D 模型檔案，然後按【插入】。

❸ 在選取 3D 模型狀態下，按【動畫】標籤，點選【跳轉】。

❹ 按【效果選項】，點選【向前】，就完成啦！
（按左上方【預覽】可預覽效果喔！）

開啟【示範2-新黑羊與白羊.pptx】播放看看，有更棒的設計效果喔！如何製作，請參考教學影片。

大方送 3D模型與圖戳

本書光碟【大方送】中，有很多【3D模型】與【圖戳】要送給你喔！

3D模型

圖戳

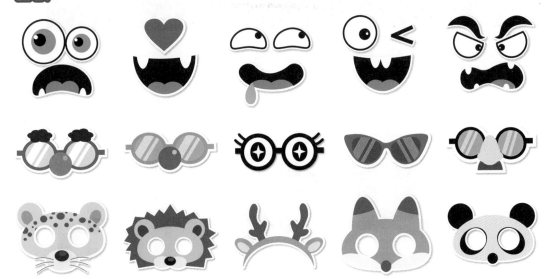

 練功囉

（　）1 使用以下哪個工具可以自由繪製 3D 物件？

1. 　　2. 　　3. 🐚

（　）2 點選哪個項目可以使用【圖戳】？

1. 　　2. 　　3. 🐚

（　）3 以下哪個是【複製】按鈕？

1. 📋　　2. 📄　　3. 🔼

（　）4 想要【水平翻轉】物件，需按？

1. 🔄　　2. ◁　　3. ▲

 練功囉

發揮想像力，創作一隻你個人專屬、獨一無二的小怪獸吧！

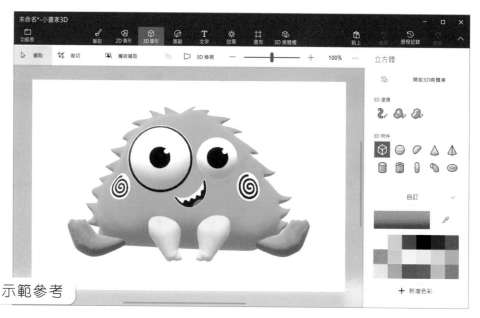

示範參考

4 超人大戰恐龍

－ 3D 媒體櫃與魔術去背

本 課 重 點

◎ 學會布置場景

◎ 學會使用 3D 媒體櫃

◎ 學會魔術去背

模型百寶庫 - 3D 媒體櫃

在小畫家 3D 中有一個很特別的【3D 媒體櫃】，裡面的模型多到數都數不清！你可以用【關鍵字】搜尋、找到想要的 3D 模型來用喔！

我懂的英文單字不多，該怎麼辦呀？

老師說

若你的【3D 媒體櫃】顯示的是英文或日文版也沒有關係！一律使用英文來搜尋就對了！(目前尚不支援用中文搜尋，希望不久的將來可以喔！)

本課練習提要

這一課讓我們用【3D 媒體櫃】的模型來蓋一座城市，並加入一隻
會噴火的恐龍，然後派超人來拯救世界吧！

加油！
超人！

3 來蓋城市吧！-3D媒體櫃

一座城市最基本的印象就是櫛比鱗次的大廈！可是要蓋一群大廈，恐怕蓋到明天天亮都蓋不完吧?!別煩惱！老師有秘密武器喔！

開啟圖片當背景圖

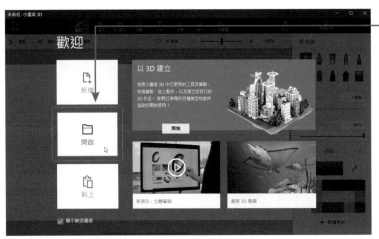

1

啟動小畫家3D時，在歡迎畫面，點選【開啟/瀏覽檔案】

小提示

若已開啟其他檔案，就按【功能表/瀏覽檔案】。

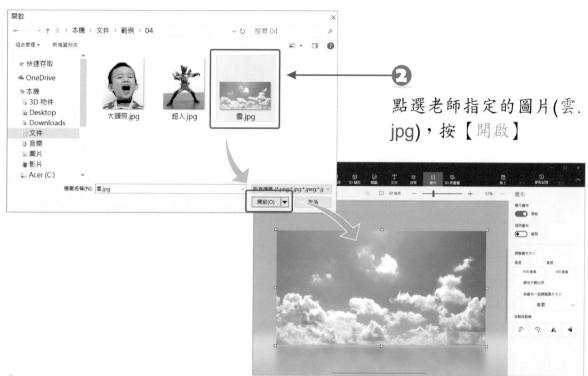

2

點選老師指定的圖片(雲.jpg)，按【開啟】

🎯 製作地面

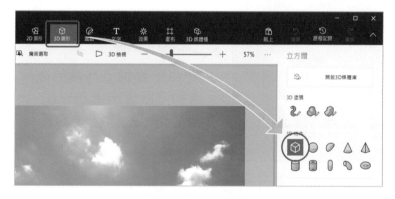

1

按【3D圖形】，然後點選 ⬡【立方體】

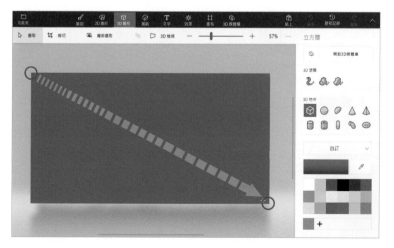

2

從左上，向右下拖曳，製作出一個約與畫布一樣大的立方體

❸

拖曳上方中央的控點，壓扁立方體

❹

拖曳兩邊中央的控點，使立方體寬度約與畫布一樣

小提示

按回，瞧瞧立方體的後端有沒跟畫布接在一起。若沒有，就調整一下吧！

❺

按【編輯色彩】，點選(淺黃色)

搜尋與插入建築物模型

用英文來搜尋【3D 媒體櫃】，能找到的模型最多！想想看，城市的英文通稱是什麼？...答對了！是【city】！讓我們從簡單的開始吧！

① 按 【3D 媒體櫃】，開啟面板

【city】這麼簡單！我懂啦！

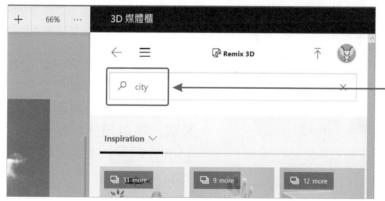

② 搜尋欄輸入英文【city】，然後按 Enter 搜尋

③ 點一下圖示模型縮圖(建築物群)，就會開始下載

小提示

拖曳捲軸，可以瀏覽所有搜尋結果。

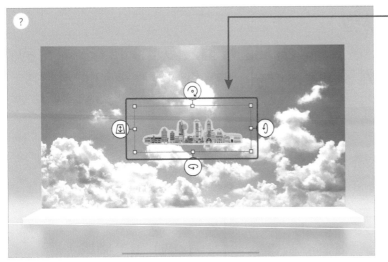

成功插入模型囉！
接著來調整一下大小與跟
畫布的距離吧！

小提示

這組模型的建築物，都可
單獨被移動、縮放、複製
與刪除的。

接下來會依需要來調整。

調整大小與離畫布的距離

拖曳角落控點，等比例放
大模型約圖示大小

小提示

為了確保整組模型都會被
選取，可以預先按快速鍵
Ctrl + G 群組起來。

按住 向下拖曳，將整
組模型往前調整到約圖示
位置

小提示

若有部分隱藏在畫布中也
沒有關係，待會兒再個別
調整就可以。

調整離地板的高度

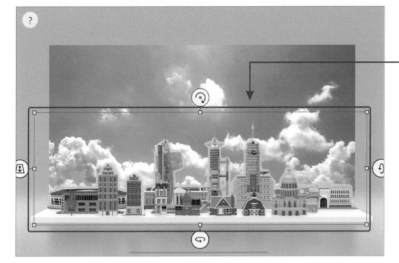

1

使用鍵盤 ↓ 鍵，或用拖曳的方式，移動模型到地面上方 (使其不要懸空)

刪減與排列建築物

1

框選模型組與地面
(也可以用快速鍵
Ctrl + A 全選喔！)

2

若 ⟳ 被遮住，就使用滑鼠滾輪稍微縮小一下畫面

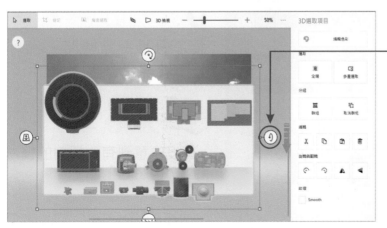

3

然後按住 ⟳ 拖曳，旋轉成正俯視角度 (從正上方往下看)

點選圖示建築物，然後按
Delete 將它刪除

小提示

若曾群組建築物模型，記
得先【取消群組】喔！

❺ 點選圖示建築物

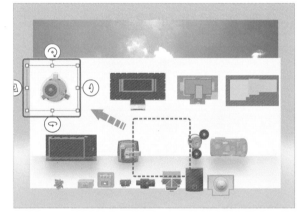

❻ 拖曳到圖示位置

接著利用一點時間，排列
一下建築物，約如圖示

小提示

有沒注意到有一棵樹的模
型？也將它刪除吧！

◎ 讓畫面看起來更立體

❶

按 Ctrl + A 全選模型，
按住旋轉角度約-80度

這樣從正面看時，畫面會
更有立體感喔！

❷

因為不是轉回-90度，所
以模型會有部分穿過 3D
空間的底部！

❸

用鍵盤的 ↑ 鍵，慢慢往
上移，讓它們都移動到
底部上吧！

模型較多、較耗電腦資源，為防萬一，按【功能表/儲存/小畫家 3D 專
案】，預先儲存一下成果吧！(檔名例如：04-超人大戰恐龍)

4 恐龍出現囉！

接著我們要安排一隻恐龍來城市裡搗蛋...可是它的英文是什麼呀？
老師又有秘密武器囉！

◎ 中翻英 -【Google 翻譯】

❶

啟動瀏覽器，
開啟【Google】首頁
(https://www.google.com.tw)

然後按 ，點選

【翻譯】

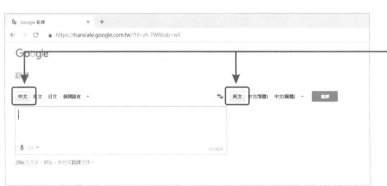

❷

左側設定為【中文】；
右側設定為【英文】

左側欄位輸入【恐龍】，右側欄位就會立即出現英文翻譯【dinosaur】

游標移到英文上按右鍵，點選【複製】

小提示

複製快速鍵：Ctrl + C

搜尋與下載恐龍模型

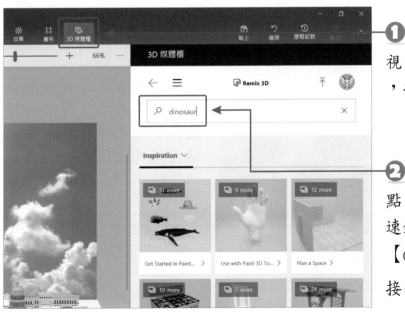

❶ 視窗切換回小畫家 3D 後，按【3D 媒體櫃】

❷ 點一下搜尋欄，然後按快速鍵 Ctrl + V 貼上英文【dinosaur】

接著按 Enter 搜尋

❸

拖曳捲軸瀏覽搜尋結果，
然後點選圖示恐龍

哇！
有好多種恐龍
可以選喔！

❹

成功插入一隻恐龍囉！

❺

使用選取框上的控點與按
鈕，調整大小、角度與前
後位置 (記得也要讓恐龍
站在地面上喔！)

要站在前後兩列
建築物的
中間走道上喔！

 6

拖曳恐龍到右邊

小提示

拖曳移動時,同時按住 Shift ,可以絕對水平或絕對垂直移動喔!

7

接著搜尋、插入火焰,讓恐龍噴火!
(關鍵字:fire (火))
(調整大小、角度與位置)

8

再派3架戰鬥機攔截恐龍
(關鍵字:fighter (戰鬥機))
(1架複製2架)

5 超人來了！- 魔術去背

城市好危險！光靠戰鬥機好像無法打敗恐龍耶！超人，超人，你在哪裡？快來拯救城市吧！

◎ 插入超人照片與去背

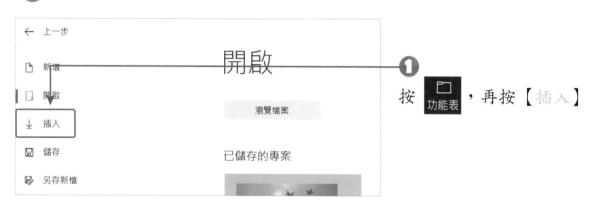

1 按 [功能表]，再按【插入】

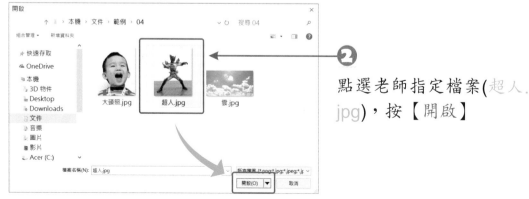

2 點選老師指定檔案(超人.jpg)，按【開啟】

3 按【魔術選取】

小提示

【魔術選取】會自動偵測主角的邊緣，輕鬆快速完成去背喔！

4 拖曳○控點，讓框線貼近超人本體

5 按【下一步】

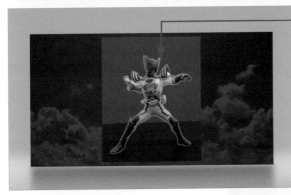

6 綠色線裡面的區域，就是會保留的部分

7 按【完成】

8 點一下選取超人的背景，按 Delete 將它刪除

拖曳超人到左邊，並使用
選取框的控點與按鈕，調
整大小與前後位置

要站在前後兩列
建築物的
中間走道上喔！

🎯 大頭照去背

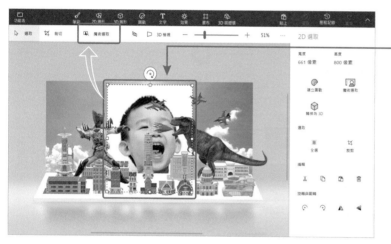

1 按【功能表／插入】，插
入【大頭照.jpg】，接著
按【魔術選取】

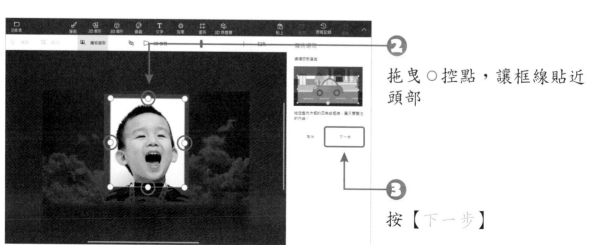

2 拖曳 ○ 控點，讓框線貼近
頭部

3 按【下一步】

④ 發現脖子的部分還被保留著 (只需要臉部與頭髮)

⑤ 按 【移除】

小提示

使用 【新增】，可以徒手圈取想新增的區域。

⑥ 沿著下巴的邊緣，到頭髮處，徒手畫一條線

⑦ 脖子的部分被去除囉！

⑧ 按【完成】，接著點選大頭照背景，按 Delete 將它刪除

換上我的大頭照，就變神力女超人了！

組合成公仔

1

縮小頭部，並拖曳到圖示位置

2

按住 ，調整頭部到超人的前方，只要遮住超人的頭就好，別離太遠喔！

小提示

前後位置調整後，可以再調整一下頭部大小，並與身體群組起來。

3

最後可以再調整一下每個物件(模型)的位置，這個【超人大戰恐龍】作品就完成啦！

記得要存檔(專案)喔！

懂更多　混合實境

使用【3D 媒體櫃】還可以創造與實景結合的影像或影片喔！這就是所謂的【混合實境】。超級好玩！來看看以下示範吧！

❶ 按【⊞／3D檢視器】，啟動軟體，然後按【確定】。

❷ 按 3D媒體櫃【3D 媒體櫃】。

電腦要先接上網路攝影機，才能使用混合實境喔！

❸ 輸入搜尋關鍵字，例如cow(牛)，接著點選下載圖示模型。

不是每個模型，都有動畫可以選喔！

❹ 按 ⬤ 鈕，開啟【混合實境】，並到畫面中按一下，將模型放入實境中。再按 ◉【切換到影片模式】。(若按 ◎ 可【拍攝相片】)

❺ 點選想要的動畫，按 ◉ 就開始錄製；再按一下 ◉ 就停止錄製。

❻ 最後按一下縮圖，即可觀賞錄製的影片囉！
(預設位置【本機／圖片／手機相簿】)

● 詳盡的步驟與如何將自己的模型變成混合實境，請參考教學影片。

懂更多　分享作品到 Remix 3D

【3D 媒體櫃】又叫做【Remix 3D】，在網路上有專屬的網站。
只要有 Microsoft 帳戶，就可上傳、發表、分享 3D 作品到那裡喔！

❶ 開啟作品，按【3D 媒體櫃】後，按 👤 登入 Microsoft 帳戶。

❷ 登入後，按 ⬆ (上傳)。

　　(注意：檔案過大的作品，可能會無法上傳喔！)

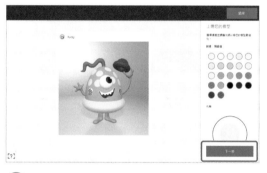

❸ 自動出現縮圖，接著按【下一步】

❹ 輸入英文名稱，按【上傳】。

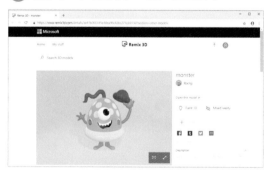

❺ 上傳完成後，按【檢視模型】。

❻ 自動啟動瀏覽器，在頁面上會顯示你所上傳的模型喔！

之後無論你在哪一台電腦上，只要有小畫家 3D、可以上網，就可以取用上傳的作品喔！方法請參考教學影片。

大方送　公仔照片

本書光碟【大方送】中，有很多【公仔照片】要送給你！搭配自己的大頭照，就可創造出個人專屬的公仔喔！

（　）1　在哪個工具中，有超多 3D 模型可以下載？

　　1. 3D 圖形　　　　2. 圖戳　　　　3. 3D 媒體櫃

（　）2　哪個是【全選】的快速鍵？

　　1. Ctrl + A　　　2. Ctrl + C　　　3. Ctrl + G

（　）3　想幫照片(圖片)去背，要用哪個工具？

　　1. 裁切　　　　　2. 魔術選取　　　3. 效果

（　）4　去背時，想去除不要的區域，要用哪個工具？

　　1. 🖊　　　　　2. ✏　　　　　3. 🖌

試試看！運用本課所學技巧，布置一個場景，加上個人專屬的組合公仔，完成一個創意3D作品吧！

示範參考

5 龍貓等公車

－ 描圖、2D 變 3D 與創意組合

(本)(課)(重)(點)

◎ 學會 2D 變 3D 的技巧

◎ 學會 3D 描圖與組合

◎ 學會使用 2D 圖形來畫圖

輕鬆描圖變魔術

照著平面插圖的模樣，描繪各個部位的輪廓，再組合起來，就可以變成 3D 物件 (模型) 喔！

搭配筆刷

搭配
筆刷與 2D 圖形

搭配
筆刷、3D 圖形
與圖戳

2 本課練習提要

這一課讓我們用【3D塗鴉】來描圖，填色後，用【2D圖形】畫五
官跟花紋，創造一幅【龍貓等公車】3D影像吧！

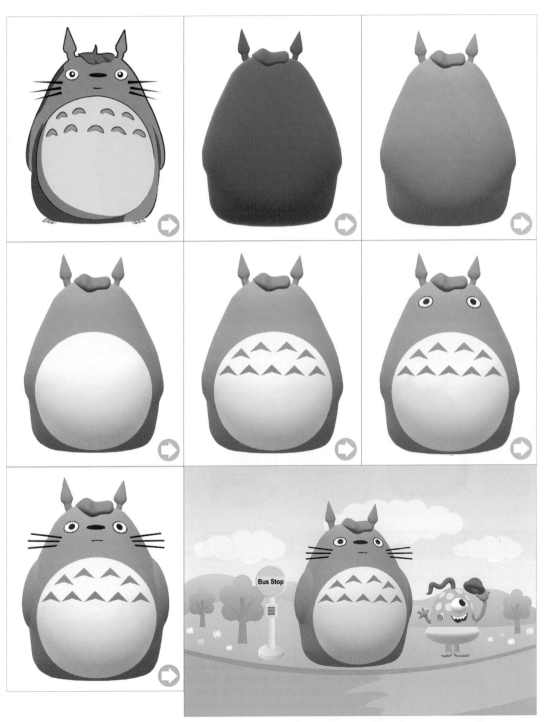

3 開始來描圖

胖胖的龍貓好可愛！3D化會不會很難啊？其實超簡單的喔！
首先讓我們從描圖、建立 3D 物件開始吧！

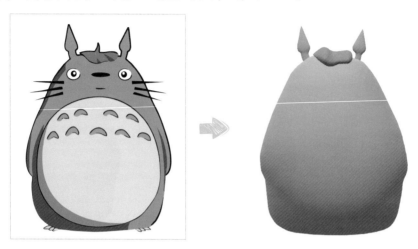

◎ 開啟圖片與加大畫布

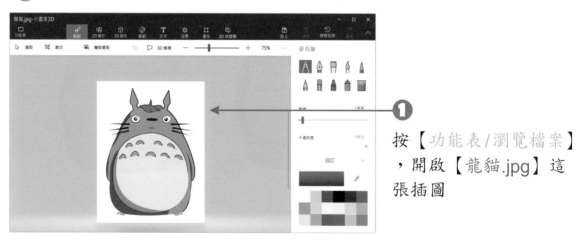

① 按【功能表/瀏覽檔案】，開啟【龍貓.jpg】這張插圖

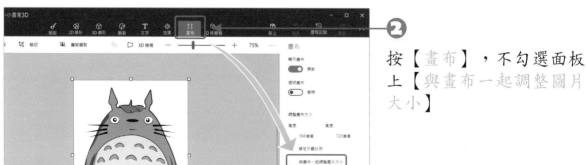

② 按【畫布】，不勾選面板上【與畫布一起調整圖片大小】

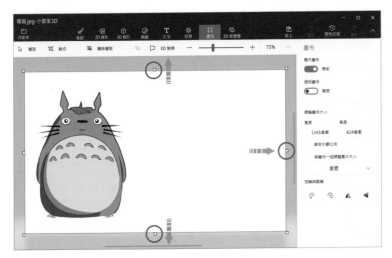

❸

拖曳上下及右側中央的控點，加大畫布約如圖示 (插畫會在左邊)

 小 提 示

不勾選【與畫布一起調整圖片大小】，畫布上的影像才不會變形。

🎯 描邊畫出身體

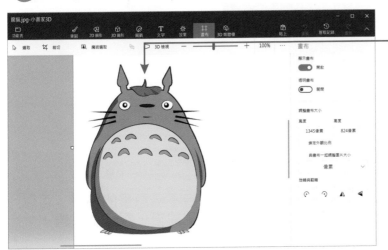

❶

接著調整影像大小與位置準備開始描圖：

Ⓐ 用滑鼠滾輪，放大顯示

Ⓑ 先按住 ▢ Alt ▢，再按住左鍵，拖曳移動插畫在視窗中的位置 (約如圖示)

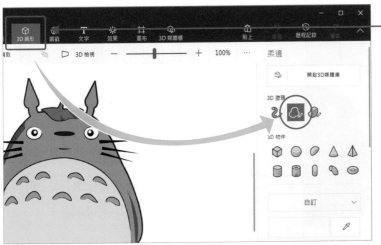

❷

按【3D圖形】，點選3D塗鴉項目的 【柔邊】

 小 提 示

輪廓如果是銳利的直線，可以選擇 🖊【銳邊】來描圖喔！

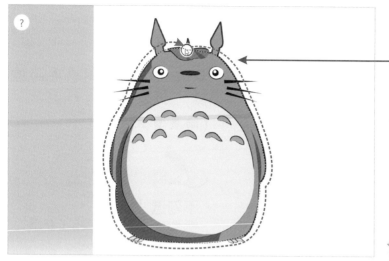

沿著身體邊緣 (不含耳朵跟腳)，慢慢、細心地畫一圈

注意：終點跟起點，要接起來喔！

小提示

形狀如果不太一樣也沒關係，別差太多就好。

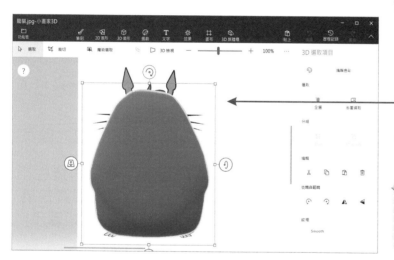

成功描出身體囉！

小提示

若不滿意畫的結果，可以刪除後，重描就行囉！

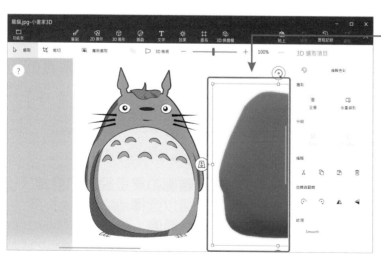

按住 Shift，拖曳身體到右邊 (絕對水平方向)

小提示

也可直接使用 ➡ 與 ⬅ 來進行水平移動喔！

◎ 描邊畫出耳朵與小帽子

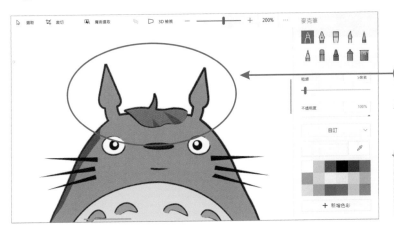

① 放大顯示耳朵的部分

小提示

前後捲動滑鼠滾輪，就可以縮放顯示畫面喔！

② 繼續使用**3D塗鴉**的 柔邊工具，描繪出左邊的耳朵

③ 再描出右邊的耳朵

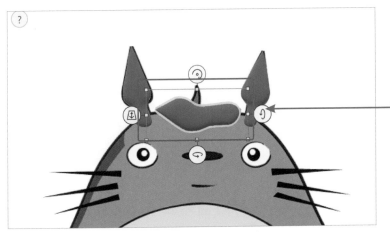

④ 再描出頭頂的小帽子吧！(可忽略尖尖的部分)

💿 身體厚度與組合

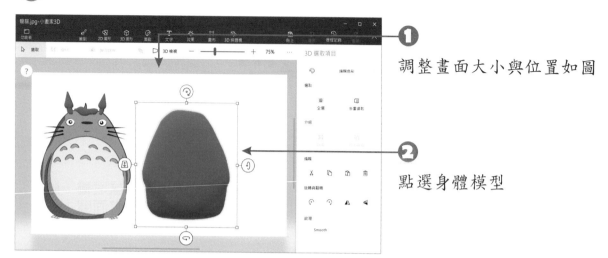

調整畫面大小與位置如圖

點選身體模型

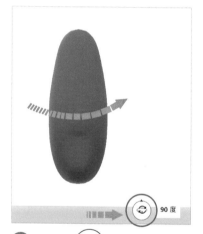

❸ 使用 ↻，往右旋轉
   模型到 90 度

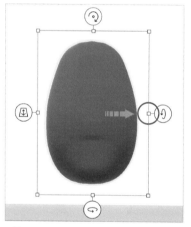

❹ 拖曳右方中央控點
   ，增加厚度

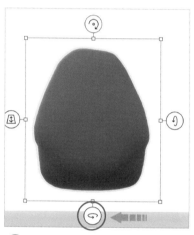

❺ 旋轉回正面 (-90度)

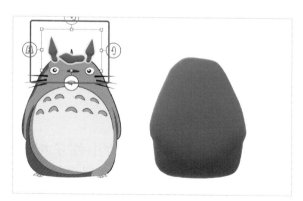

❻ 框選耳朵與帽子

❼ 移動到圖示位置 (絕對水平方向)

帽子厚度與設定前後、角度

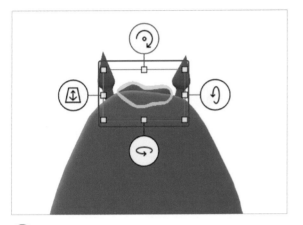

1 點選帽子

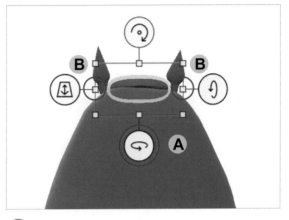

2 向右旋轉90度後，拖曳控點，增加厚度

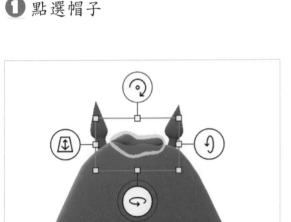

3 旋轉回正面(-90度)

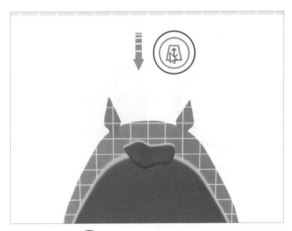

4 使用 ⬍，往前移動帽子，直到不會被身體遮住

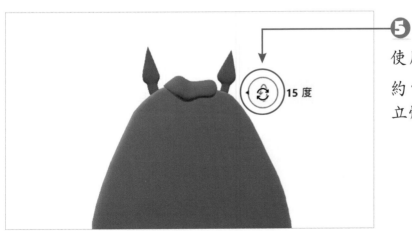

15度

5 使用 ↺，調整俯視角度約15度，帽子就顯得更立體囉！

汲取色彩與填色

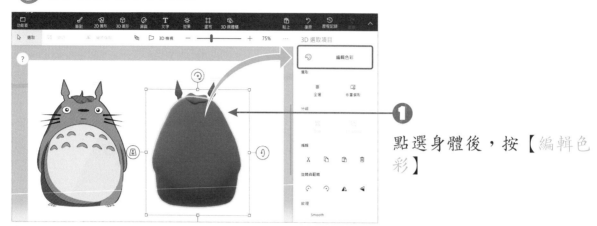

❶

點選身體後，按【編輯色彩】

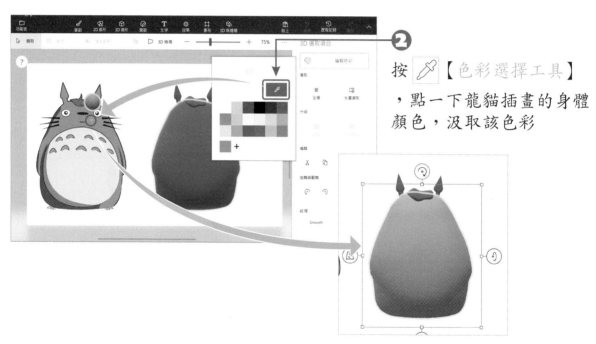

❷

按 ⚲【色彩選擇工具】，點一下龍貓插畫的身體顏色，汲取該色彩

❸

繼續使用汲取色彩的方法，設定耳朵與帽子的顏色

練習到這邊，預先儲存一下專案吧！
檔名例如：05-龍貓等公車

4 2D 圖形的運用

還記得在第2課學過用筆刷、第3課用圖戳來繪製五官與花紋嗎？
其實用【2D圖形】也可以！不僅如此，2D圖形也可變3D喔！

畫肚皮

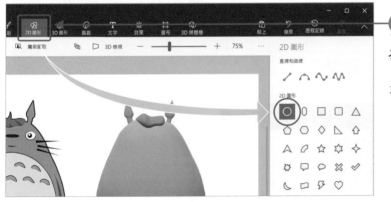

❶

按 【2D圖形】，點
選 ◯ 【圓形】

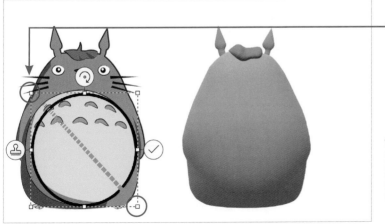

❷

到圖示位置，由左上向右
下，先拖曳畫出一個圓形

小提示

將畫出的2D圖形，拖曳到
3D模型上，就自動貼上。

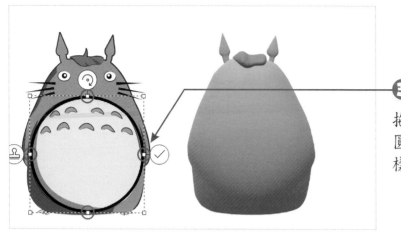

③ 拖曳控點，調整大小，使圓形約與插畫上的肚皮一樣大

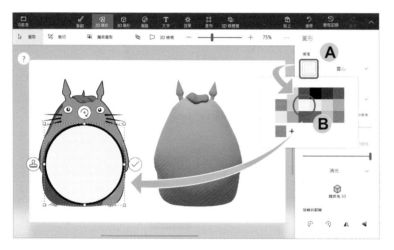

④ 設定填滿色彩：
Ⓐ 按【填滿】項目的色塊
Ⓑ 點選 ▢ (淺黃色)

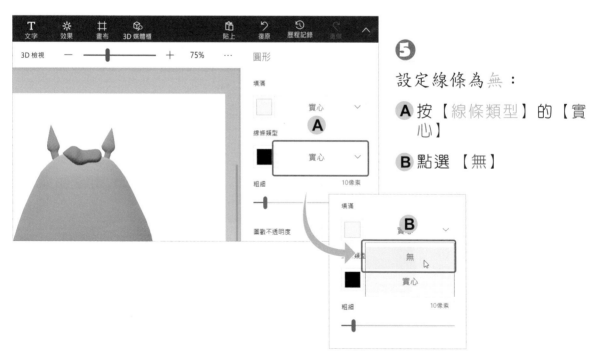

⑤ 設定線條為無：
Ⓐ 按【線條類型】的【實心】
Ⓑ 點選【無】

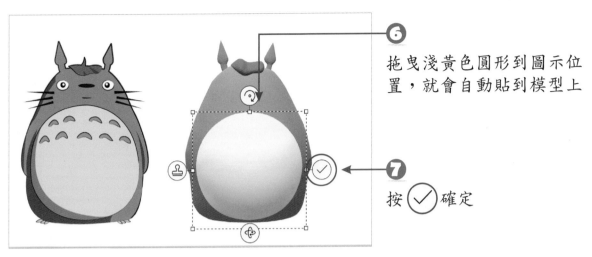

6 拖曳淺黃色圓形到圖示位置，就會自動貼到模型上

7 按 ✓ 確定

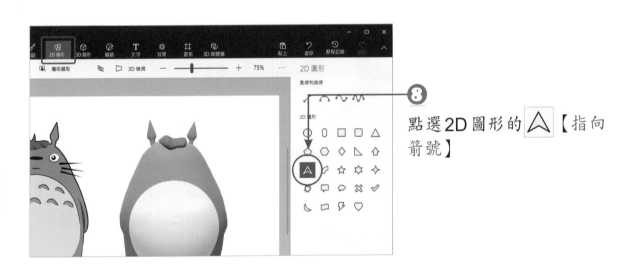

8 點選2D圖形的 △ 【指向箭號】

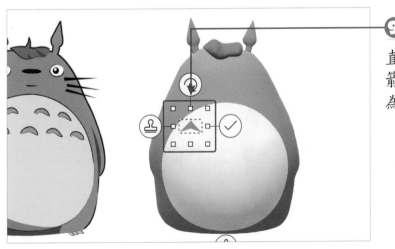

9 直接在圖示位置畫出一個箭號圖案，並設定色彩為 ■ (褐色)

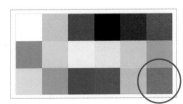

複製圖案與編排位置

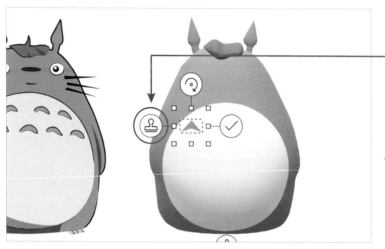

1

按  複製

小提示

直接在3D模型上，畫2D圖形，操作方法跟貼上圖戳很像喔！

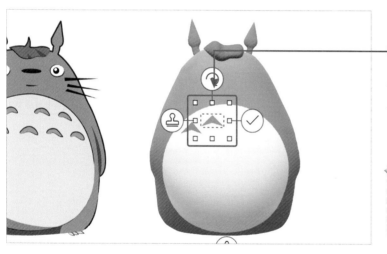

2

拖曳複製出的圖案到圖示位置，接著繼續按

小提示

複製圖案後，可視需要拖曳控點，調整一下大小。

3

使用複製與拖曳移動的技巧，完成肚皮上的花紋 (到最後一個圖案時，要按 ✓ 喔！)

🎯 畫眼睛

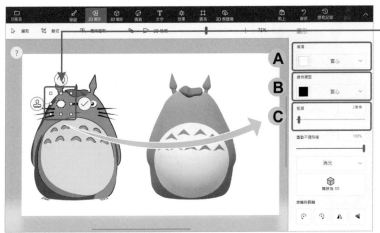

1

使用 ◯【圓形】，在眼睛上畫出一樣大的圓形，並設定：

Ⓐ 填滿 - 實心、□ (白色)

Ⓑ 線條類型 - 實心、■ (黑色)

Ⓒ 粗細 - 3像素

2

拖曳圖案到模型上 (比對插畫的大小與位置，也可稍微放大一下圖案)

3

按 🔲 複製

4

拖曳到圖示位置，按 ✓ 確定

5

使用【筆刷/麥克筆】，點畫一下黑色眼珠吧！

◎ 畫鼻子

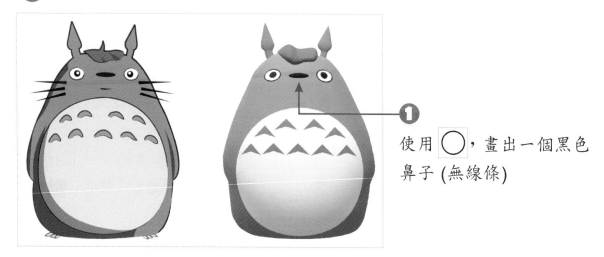

❶

使用 ◯，畫出一個黑色
鼻子 (無線條)

◎ 畫嘴巴與鬍子

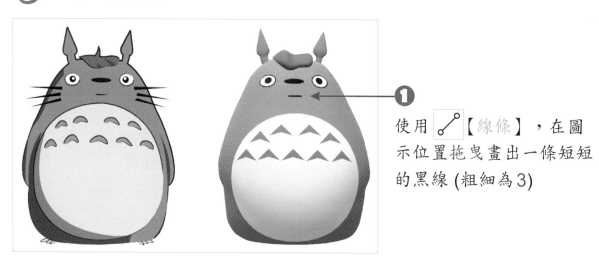

❶

使用 ✐【線條】，在圖
示位置拖曳畫出一條短短
的黑線 (粗細為3)

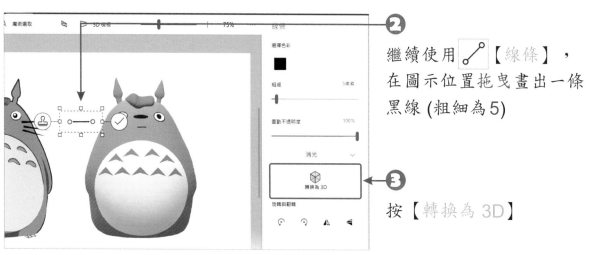

❷

繼續使用 ✐【線條】，
在圖示位置拖曳畫出一條
黑線 (粗細為5)

❸

按【轉換為 3D】

④

拖曳到圖示位置,並調整
前後位置與旋轉角度
(有需要的話,可調整一
下大小)

 小提示

【轉換為3D】後,就變
成獨立的模型(物件)喔!

⑤

使用複製/貼上的技巧,
搭配旋轉角度,完成鬍子
的製作吧!

 小提示

完成右邊鬍子後,可以全
選,進行複製、翻轉,再
移到左邊,快速完成。

⑥

最後再使用【3D圖形/
半球】製作出雙手

完成後,順便全選龍貓
,【群組】一下吧!

 小提示

記得可使用汲取色彩的技
巧喔!

5 一起來等公車

再插入一張背景圖、站牌圖片，創造龍貓等公車的場景吧！
對了！讓第3課完成的小怪獸，也一起來等公車吧！

◎ 插入背景圖與站牌圖片

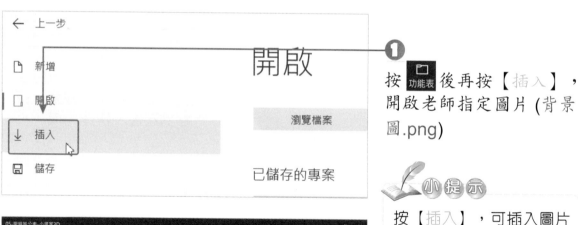

①

按 功能表 後再按【插入】，
開啟老師指定圖片 (背景
圖.png)

小提示

按【插入】，可插入圖片
，也可以插入3D模型。

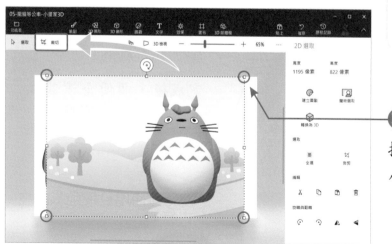

②

拖曳控點調整到想要的大
小，然後按 ✄ 裁切

3 調整龍貓的大小與角度，並拖曳到大約中央的位置

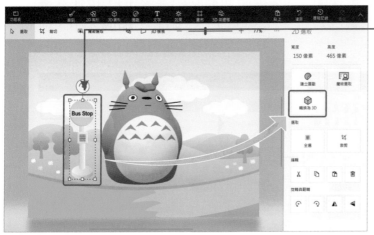

4 按 功能表 後再按【插入】，插入【站牌.png】；調整大小與位置後，按【轉換為 3D】

小提示

【站牌.png】是一張去背的圖片。如果不將它【轉換為3D】，在取消選取後，會合併到背景上喔！

🎯 插入 3D 模型

1 按 功能表 後再按【插入】，插入第3課完成的3D模型；再調整所有物件角度、位置與大小，這幅龍貓等公車就完成囉！

記得要存檔喔！

 懂更多 畫皮卡丘

好想畫皮卡丘喔！可是圖片要從哪兒來啊？用搜尋引擎找就可以啦！
來看看以下的示範吧！(詳細步驟，有教學影片可以看喔！)

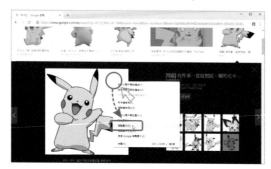

❶ 用搜尋引擎搜尋圖片，然後在圖片上按右鍵，點選【複製圖片】。

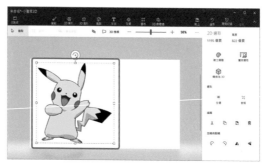

❷ 視窗切換回小畫家3D，按快速鍵 Ctrl + V 貼上，縮放大小、並移動到左側 (或右側)。

❸ 使用【3D圖形/柔邊】工具，細心描繪各部位 (頭、身體、耳朵、腳與尾巴)，並進行組合 (記得調整厚度與前後關係)。

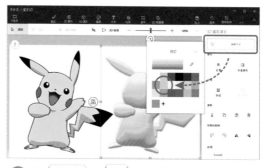

❹ 按 Ctrl + A 全選物件後，按【編輯色彩】，點選 (金色)或汲取插畫上的顏色。

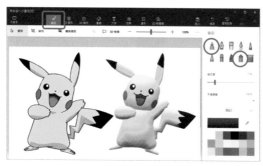

❺ 用筆刷 (麥克筆、噴罐)，比對圖片位置，畫出五官、花紋與陰影。

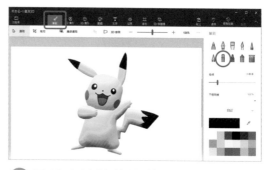

❻ 用橡皮擦擦掉圖片，再全選模型，拖曳移動到畫布中間，就完成囉！

 卡通圖片

本書光碟【大方送】中,有很多【卡通圖片】要送給你喔!

 練功囉 ‥‥‥‥‥‥‥‥‥‥‥‥‥‥‥‥‥‥‥‥‥

( ) ① 不想讓影像隨著畫布大小而變形，要勾選還是不勾選
【與畫布一起調整圖片大小】？

　　　1. 勾選　　　　　　　2. 不勾選　　　　　　3. 都可以

( ) ② 按住哪個鍵，可以拖曳移動畫面？

　　　1. Ctrl　　　　　　　2. Alt　　　　　　　　3. Shift

( ) ③ 想描比較圓滑輪廓，用哪個工具比較合適？

　　　1.　　　　　　　　　2.　　　　　　　　　　3.

( ) ④ 想汲取色彩，按【編輯色彩】後，再按？

　　　1.　　　　　　　　　2. +　　　　　　　　　3. 目前的色彩

 練功囉 ‥‥‥‥‥‥‥‥‥‥‥‥‥‥‥‥‥‥‥‥‥

找一張你喜歡的卡通人物圖片，然後描圖、3D 化，組合成立體
的模型吧！

示範參考

118

6 祝你生日快樂

– 卡片設計與 3D 文字的運用

小宇

充分利用可以個別製作、填色與3D的特性，文字就不再只是呆板的橫書或直書，它可以玩出很多活潑、有趣的視覺效果喔！

2 本課練習提要

這一課來畫一張漸層背景、插入一個可以傳達歡樂氣氛的主視覺，再加上立體、活潑的祝福文字，製作一張生日賀卡吧！

祝你
生日快樂！

3 畫漸層背景

卡片的重點是主視覺與祝福的文字，所以背景不能太複雜！但又怕背景太單調，該怎麼設計呢？來試試看畫個柔柔的漸層吧！

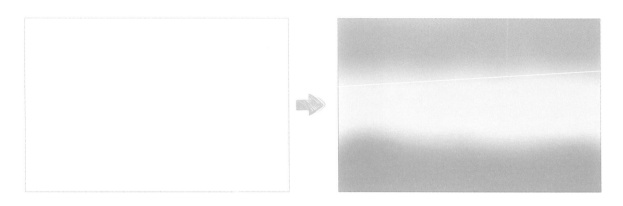

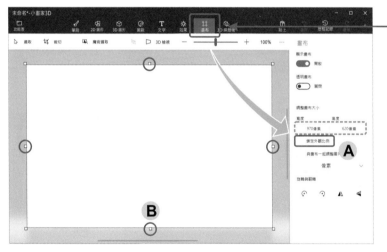

點選【畫布】，並設定：

A 確認取消勾選【鎖定外觀比例】

B 拖曳控點，調整到想要的大小
(例：970x620像素)

勾選【與畫布一起調整圖片大小】

📖 小提示

勾選此功能，將來若需要再調整畫布大小，畫上去的影像會跟著縮放。

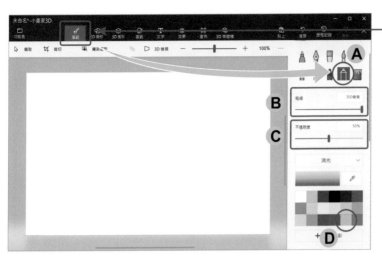

按【筆刷】，並設定：

Ⓐ 點選 【噴罐】

Ⓑ 粗細設到最大(300像素)

Ⓒ 不透明度設為【50%】

Ⓓ 點選 ▨ (玫瑰紅)

❹
到畫布上方，左右來回的
噴灑，畫出第一道色彩

小提示

噴灑時，若有不太均勻之
處，補噴一下就好！

❺
色彩改點選 ▨ (黃色)，
畫出第二道色彩

❻
色彩改點選 ▨ (綠色)，
畫出第三道色彩

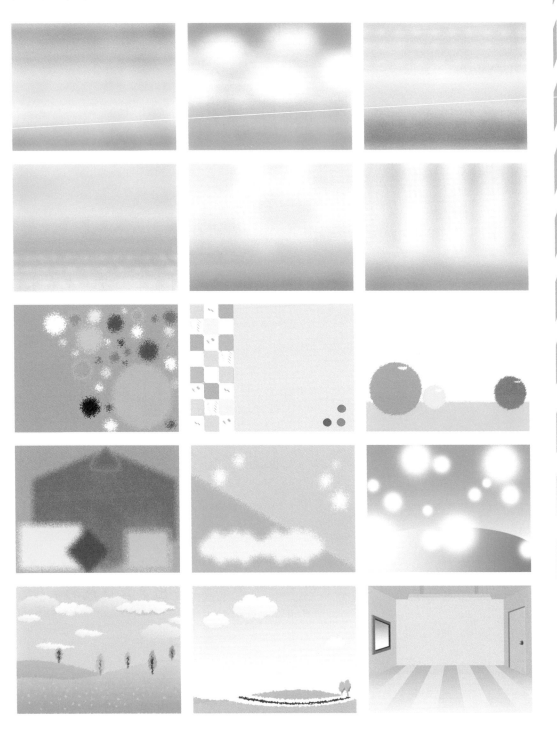

本書光碟【大方送】資料夾中，有很多萬用的【背景圖】要送給你喔！

4 歡樂狗狗來祝賀

想讓主視覺有歡樂的氣氛，又看膩了蛋糕、禮物等常見的設計…
對了！用【party】(派對)來找找看有沒有什麼驚喜吧！

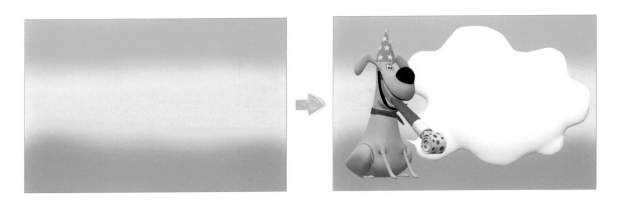

從 3D 媒體櫃插入狗狗

1
按【3D 媒體櫃】，
輸入關鍵字【party】，
再按 Enter 搜尋

 老師說

想想看，關鍵字除了用【party】之外，
還可以用什麼來表現【歡樂】或【祝賀】
的氣氛呢？另外，以【生肖】或【星座】
的角度來思考，似乎也很不錯喔！

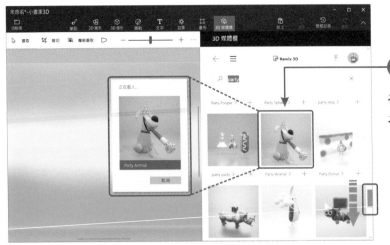

拖曳捲軸瀏覽搜尋結果，
接著點選圖示狗狗模型

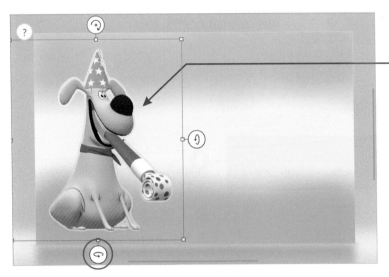

調整一下左右角度(約40
度)，然後拖曳到左側

小提示

準備在右邊製作說話泡泡
與生日祝詞喔！

老師說

除了現成的模組，你也可以搜尋、下載個別的模型，自己進行組合喔！

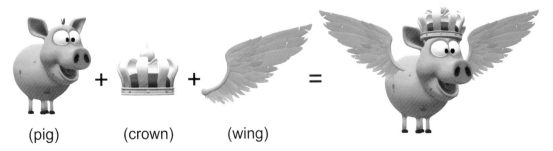

(pig)　　　(crown)　　　(wing)

● 找到模型後，還可以自己修改顏色喔！

製作立體說話泡泡

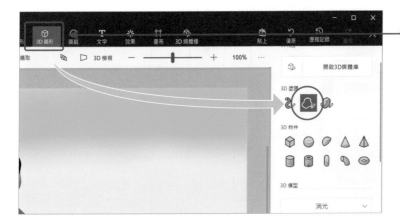

①

按【3D圖形】，點選
【柔邊】

②

按住左鍵，拖曳畫出一個
說話泡泡吧！

訣竅：
從說話泡泡的尖端開始畫
，可以確保尖端不會被狗
狗遮住喔！

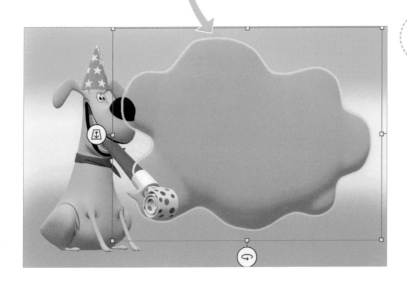

說話泡泡的形狀，
也可自由發揮啦！

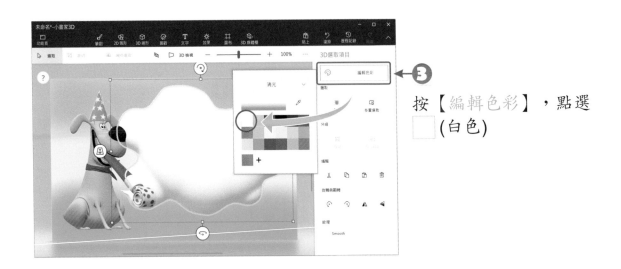

按【編輯色彩】，點選 ③
☐ (白色)

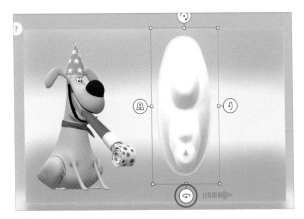

❹ 向右旋轉90度

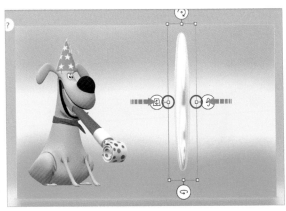

❺ 拖曳左右邊中央控點，壓扁一下
厚度

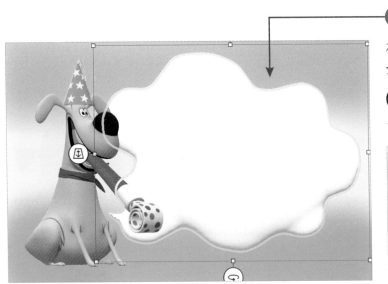

⑥

旋轉回正面(-90度)後，
調整一下位置與大小吧！
(注意一下前後關係，不
要遮住狗狗喔！)

⑤ 來製作立體文字吧！

有了主視覺、又有說話的泡泡了，接著讓我們充分利用小畫家3D的特色，來製作立體的祝賀詞吧！

◎ 用立體筆刷寫字

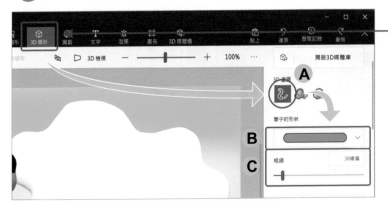

按【3D圖形】，並設定：

Ⓐ 點選 【立體筆刷】

Ⓑ 點選 形狀

Ⓒ 粗細設定約30像素

❷ 到圖示位置一筆寫(畫)出立體文字【H】

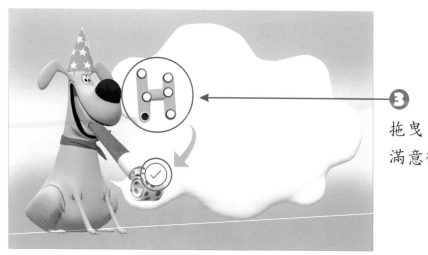

3

拖曳 ○ 節點，細調形狀
滿意後，按 ⟨✓⟩ 確定

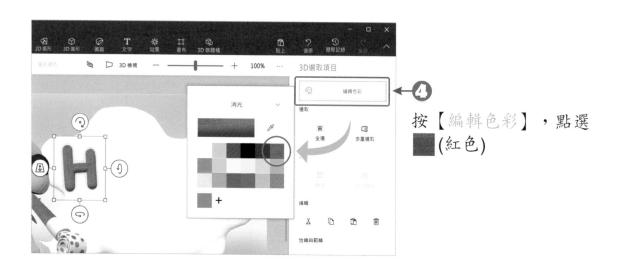

4

按【編輯色彩】，點選
■(紅色)

5

使用 **1** ～ **4** 技巧，繼續
寫(畫)出【A】、【P】、
【P】、【Y】

然後視需要調整每個字的
大小與位置吧！

 小提示

【P】字可以用複製的方
式快速完成喔！

用文字工具來打字

① 按 [T 文字]，點選 [3D 文字]

② 再按字型的 [∨]

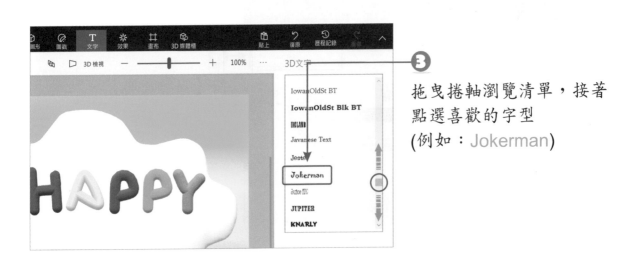

③ 拖曳捲軸瀏覽清單，接著點選喜歡的字型
(例如：Jokerman)

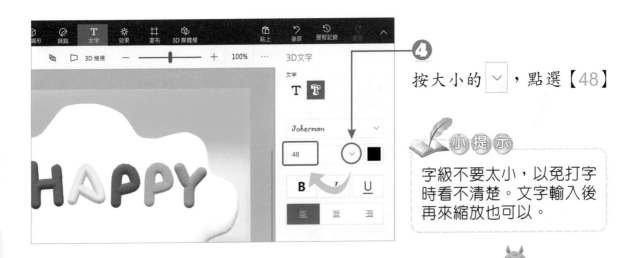

④ 按大小的 [∨]，點選【48】

小提示

字級不要太小，以免打字時看不清楚。文字輸入後再來縮放也可以。

5 在畫面上點一下，輸入英文【Birthday】(生日)，然後在畫布上點一下，完成輸入

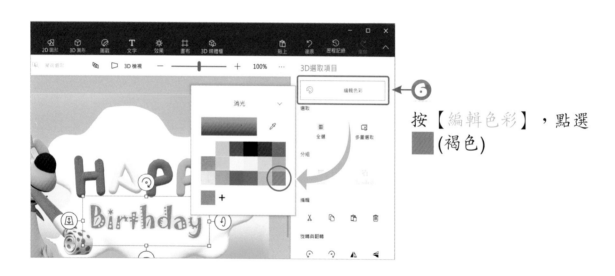

6 按【編輯色彩】，點選 ▮ (褐色)

7 向左旋轉一下角度，看起來更立體！ (可依需要縮放大小與調整位置)

用陰影讓物件更立體

①

點選【筆刷/ 🖌 】,並設定:

Ⓐ 粗細設為約【60像素】

Ⓑ 不透明度設為約【5%】

Ⓒ 色彩點選 ■ (深灰)

②

到說話泡泡下方的畫布上塗抹畫出陰影
(別畫到泡泡上喔!)

畫完會有泡泡浮起來的感覺喔!

③

粗細更改為40像素、不透明度為15%,到手寫文字下方,也畫上陰影

 小提示

若覺得陰影不夠明顯,可以多塗幾次。

⑥ 簽上你的大名

這張生日卡大致上都已經完成了，但似乎少了什麼...，沒錯！沒有你的簽名，壽星怎麼會知道這是來自誰的祝福呢？

1 按【筆刷】，點選 🖊️【書寫筆】

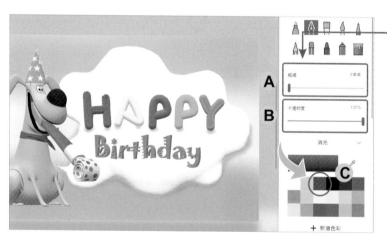

2 做以下設定：

- Ⓐ 粗細設為【8像素】
- Ⓑ 不透明度設為【100%】
- Ⓒ 色彩點選 ■ (深灰)

3 到右下方簽上你的大名，這張生日卡就完成囉！記得要存檔喔！

大方送　卡片用物件

本書光碟【大方送】中，有很多【卡片用物件】要送給你喔！

 練功囉

( )1 想讓畫在畫布上的影像，隨著調整畫布大小而縮放，
要勾選還是不勾選【與畫布一起調整圖片大小】？

　　1.勾選　　　　　2.不勾選　　　　　3.都可以

( )2 用哪個工具可以畫出漸層背景？

　　1.

( )3 用哪個工具可以手寫立體文字？

( )4 用哪個工具可以用打字的方式製作立體文字？

　　1. T　　　　　2. 🇹　　　　　3. B

 練功囉

試試看！使用本課學到的技巧，製作一張【感謝卡】吧！

示範參考

7 我的創意微電影

- 創意影片編輯

我也會編導微電影

根據想法(腳本)，使用【小畫家3D】製作影像圖卡，再用【相片】軟體，就能編導出活潑、有趣，又酷炫的微電影喔！

依據腳本，編輯畫面，輸出一張張的影像圖卡，當作素材。

小畫家 3D

匯入素材，編輯影格，加入酷炫的 3D 效果，再輸出成影片。

【相片】軟體

2 構思腳本與準備素材

編輯微電影前，要先有【腳本】；而腳本就像是在【講故事】，要有頭有尾，還要有劇情。腳本規劃與素材例如：

1 片頭

用特效強調片名，吸引目光

2 開場

加入特效，讓開場有震撼、緊張感

3 主要劇情

> 腳本可以先寫下來，再依照腳本來製作素材

超人與恐龍登場，逐漸互相靠近

超人與恐龍打鬥，用特效製造攻擊與反擊動作

恐龍被擊倒，倒地時有特效

4 片尾　　用特效表現慶祝的感覺

【相片】軟體的影片編輯介面

按【 / 相片】啟動軟體,再遵照老師指示,進入影片編輯模式視窗。

① **專案名稱** | 顯示專案的名稱,可按 ✏ 重新命名。

② **工具列** | 針對整支影片的設定工具,可設定佈景主題、音訊、影片比例、匯出與分享...等。

③ **專案媒體櫃** | 影片的素材 (圖片、相片、視訊),可按 ＋ 新增相片和影片 加入素材。

④ **預覽區** | 在此預覽影格,或按 ▷ 試播編輯的影片。
(拖曳○預覽任一時間點的畫面;按 ↗ 全螢幕顯示;按 ↙ 結束全螢幕)

⑤ **分鏡腳本** | 一格一格的叫做影格,可以放入圖片、視訊。影格持續時間、篩選條件 (色調)、3D 效果...皆在此設定。

製作影格圖卡

根據規劃好的腳本，讓我們開啟【超人大戰恐龍】專案，製作出影片要用的所有圖卡吧！

🎯 製作片頭圖卡(第1張圖卡)

① 開啟第4課專案成果(04-超人大戰恐龍)

接著按【選取】，點選超人，再按 Delete 刪除

② 繼續刪除戰鬥機、恐龍與火焰

③ 使用【文字/ T 】，在圖示位置製作立體片名文字【超人大戰恐龍】

建立專用資料夾

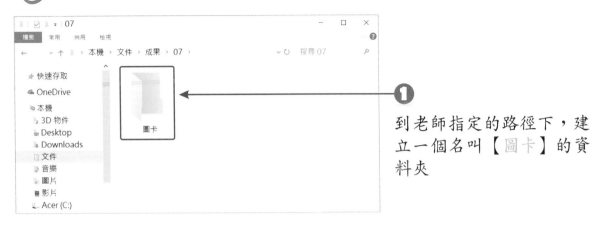

到老師指定的路徑下，建立一個名叫【圖卡】的資料夾

擷取第 1 張圖卡

視窗切換回小畫家 3D 後，放大顯示、並調整畫面位置約如圖示

小提示

擷取圖片時，會擷取整個編輯區 (含灰色區域)。

在調整畫面大小與位置時，畫布的左右邊，最好也切齊編輯區的左右邊，讓灰色區域不會太多。

按 [···]，點選【建立螢幕擷取畫面】

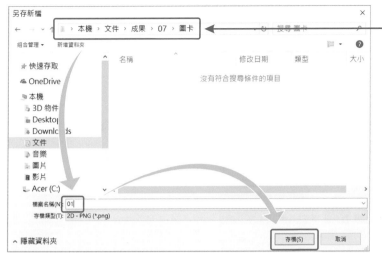

開啟【圖卡】資料夾，輸入【01】，按【存檔】

小提示

擷取的圖片，預設檔案格式是【png】。

4 片頭圖卡擷取完成囉！待會兒再將灰色區域裁掉

小提示

使用小畫家3D就可裁切圖片。

製作開場圖卡(第2張圖卡)

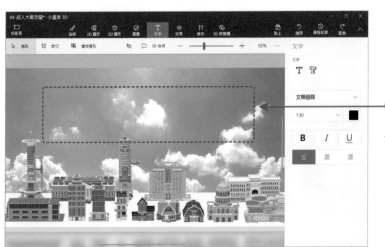

1 刪除片名

②

擷取畫面，命名為【02】
儲存起來

◎ 製作第 3、4、5 張圖卡

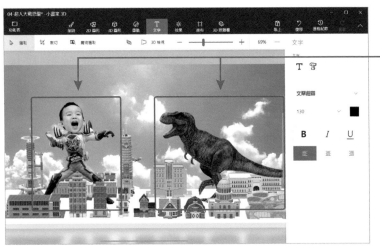

①

連續按 Ctrl + Z ，復原
超人與恐龍

也可以復原到剛開啟的狀
態，刪除火焰與戰鬥機。

②

調整超人與恐龍的位置如
圖示

❸

擷取畫面,命名為【03】
儲存起來

❹ 讓超人與恐龍靠近一點,擷取畫面,命名為【04】儲存起來

❺ 讓超人與恐龍更靠近一點,擷取畫面,命名為【05】儲存起來

🎯 製作第6、7、8、9張圖卡

❶

讓超人往左傾斜,再擷取畫面,命名為【06】儲存起來

❷

超人恢復原來角度，讓恐龍往右傾斜，擷取畫面，命名為【07】儲存起來

❸

讓恐龍往右更傾斜一點，擷取畫面，命名為【08】儲存起來

❹

讓恐龍倒地，擷取畫面，命名為【09】儲存起來

製作片尾圖卡(第10張圖卡)

❶

在圖示位置製作一個立體文字【KO！】，擷取畫面，命名為【10】儲存起來

裁切圖卡

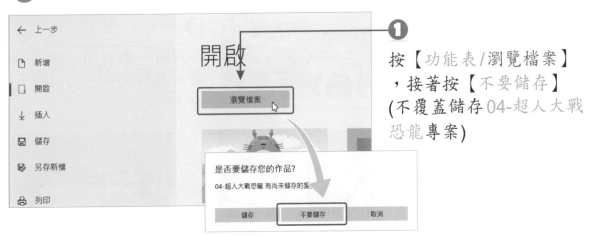

❶

按【功能表/瀏覽檔案】，接著按【不要儲存】(不覆蓋儲存04-超人大戰恐龍專案)

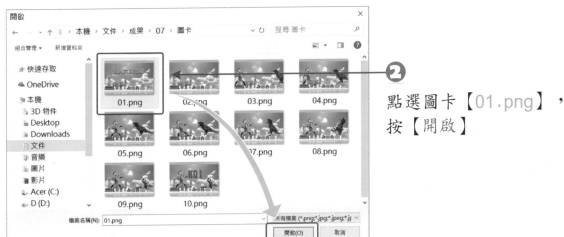

❷

點選圖卡【01.png】，按【開啟】

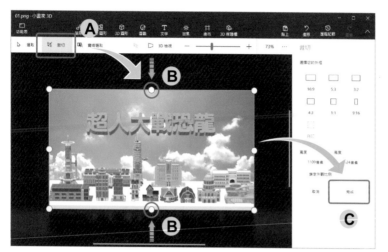

❸

接著裁切圖卡：

Ⓐ 按 ⌗ 裁切

Ⓑ 拖曳上下中央控點，排除灰色區域

Ⓒ 按【完成】

❹

裁切完成！直接按快速鍵 Ctrl + S 儲存圖卡

❺

再利用一點時間，陸續開啟、裁切02~10.png圖卡吧！

02.png

03.png

04.png

05.png

06.png

07.png

08.png

09.png

10.png

電影開麥啦！- 編輯影格

電影終於要開拍囉！將素材全都匯入【相片】軟體中，讓它們開始表演吧！

◎ 匯入圖卡資料夾

① 啟動【相片】軟體，到右上方按 匯入 ，點選【來自資料夾】

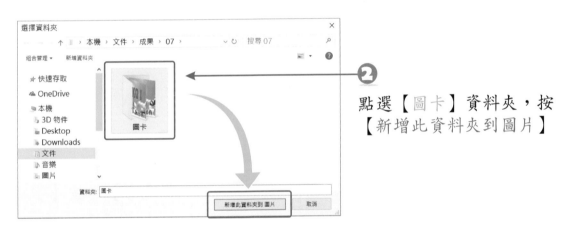

② 點選【圖卡】資料夾，按【新增此資料夾到圖片】

◎ 建立影片專案

① 按 選取

② 按【選取所有 10】

③ 按 ⬚ 建立 ，點選

【自訂影片】

我的創意微電影

④ 輸入專案名稱【我的創意
微電影】，按【確定】

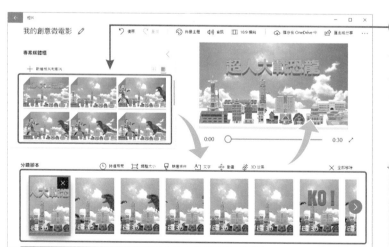

⑤ 會自動將圖卡加入下方的
影格中；點選任一影格，
可在右上方看到預覽

 小提示

建立影片專案後，不管如
何編修，軟體都會自動儲
存，不需另行存檔喔！

調整影格順序

影格的順序必須按照圖卡編號排序，這部微電影才能按照腳本演出，現在讓我們來檢視與調整一下吧！

1 點選影格，直到找到圖卡【02】

原【02.png】

小提示

按 > 與 < 可顯示被隱藏的影格。

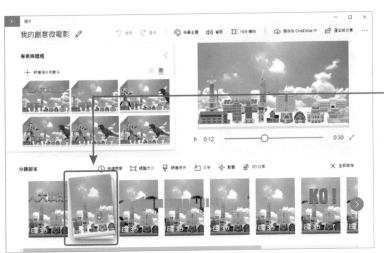

2 按住影格、拖曳到第1個影格後方，使變成第2個影格

老師說

編輯影片時，若有需要，可以點選影格後，再按【篩選條件】設定色調，也可按【動畫】設定簡單的動作效果。

| 🕐 持續期間 | 🔲 調整大小 | 🔽 篩選條件 | A 文字 | ◇ 動畫 | ✨ 3D效果 |

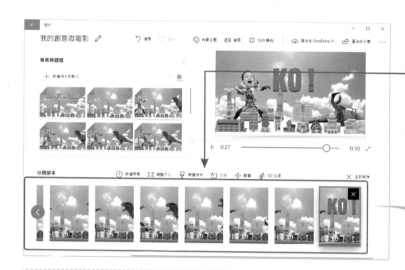

③ 接著花點時間，按照圖卡編號，安排成正確的影格順序

02→影格 2

03→影格 3

04→影格 4

05→影格 5

06→影格 6

07→影格 7

08→影格 8

09→影格 9

10→影格 10

◎ 設定影格持續時間

① 點選第 2 張影格，然後按
🕐 持續期間

小 提 示

持續期間預設是【3秒】。

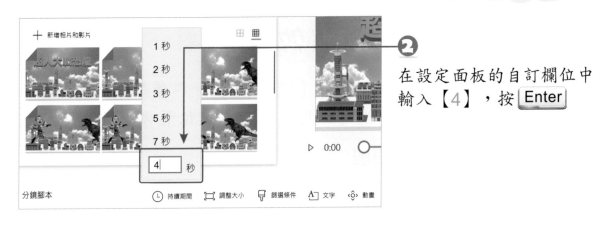

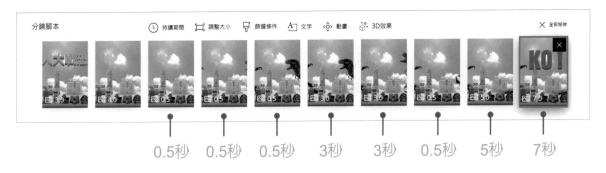

2 在設定面板的自訂欄位中輸入【4】，按 Enter

3 接著花一點時間，陸續設定其他影格的持續時間：

0.5秒　0.5秒　0.5秒　3秒　3秒　0.5秒　5秒　7秒

🎯 設定背景音樂

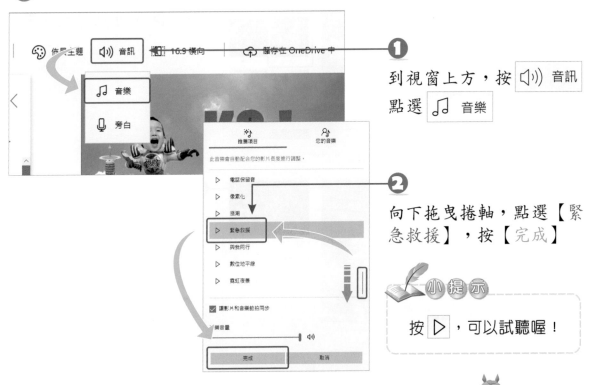

1 到視窗上方，按 ◁)) 音訊
點選 ♫ 音樂

2 向下拖曳捲軸，點選【緊急救援】，按【完成】

小提示

按 ▷，可以試聽喔！

超酷的 3D 動態效果

【相片】軟體中內建了含音效的【3D效果】。不僅酷炫到不行，還可以自由旋轉、縮放、設定作用時間與安排位置喔！

◎ 片頭3D效果-火光四射

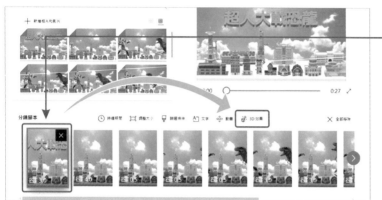

①

點選第1個影格，然後按 3D 效果

②

拖曳捲軸，點選【火光四射】，就會加入到畫面中，按 ▷，可以預覽效果

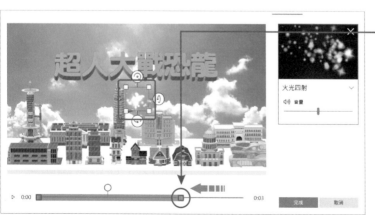

③

拖曳 ▮▮ (效果結束) 鈕到大約圖示位置

小提示

前方的 ▮▮，就是效果開始點；一樣是可拖曳調整。

❹

完成縮放、安排位置與預覽：

Ⓐ 拖曳控點拉大效果物件並拖曳到圖示位置

Ⓑ 按 ▷ 預覽

Ⓒ 按【完成】確定

 小提示

藍色橫桿就是出現效果的時間範圍。

🎯 開場3D效果-閃電

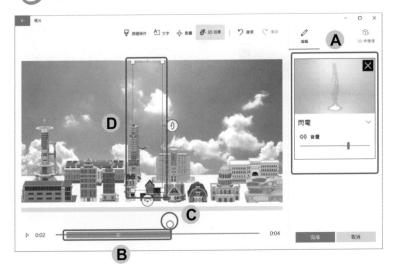

❶

點選第2個影格，做以下3D效果設定：

Ⓐ 加入【閃電】效果

Ⓑ 拖曳藍色橫桿到圖示位置

Ⓒ 拖曳○時間軸鈕到效果末端(設定下一個效果的開始點)

Ⓓ 拉大並安排效果物件的位置

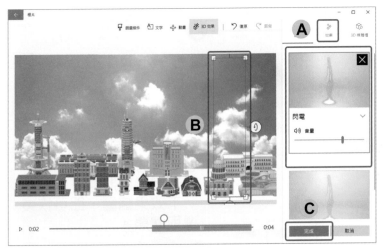

❷

加入第2個效果：

Ⓐ 按 [效果] ，再加入一個【閃電】效果

Ⓑ 拉大並安排效果物件的位置

Ⓒ 按【完成】

恐龍3D效果-噴火-(烈火肆虐)

❶

點選第6個影格，加入
【烈火肆虐】效果

按 ▷ 預覽，會發現噴火
的方向並不是朝著超人

❷

按住 ↻，順時針拖曳到
約圖示位置

小提示

按效果縮圖右上方的 ✕
，就可以移除效果。

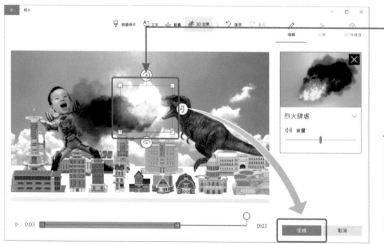

❸

調整一下位置後，按【完
成】

小提示

若不小心點到其他地方，
取消了選取狀態，就再點
一下效果縮圖，即可恢復
選取狀態。

超人3D效果-反擊-(神奇光芒)

❶ 點選第7個影格，順序加入3個【神奇光芒】，調整方向、效果的時間範圍、縮放、安排位置如圖示

恐龍3D效果-擊倒-(雷射光牆)

❶

點選第9個影格，加入【雷射光牆】，縮放、安排位置如圖示

小提示

任何時候，點選影格，再按【3D效果】，都可繼續編修效果的喔！

片尾3D效果-慶祝-(五彩碎紙爆發 + 火光閃耀)

❶ 點選第10個影格，順序加入2個【五彩碎紙爆發】與1個【火光閃耀】，調整效果的時間範圍、縮放、安排位置如圖示
編輯至此，這支超人大戰恐龍的創意微電影就完成囉！

微電影上片囉！

酷炫的微電影編輯完成啦！趕快輸出成影片，請大家來觀賞吧！

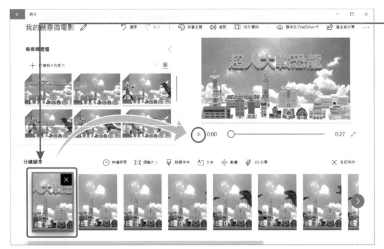

① 點選第1個影格，按 ▷ 從頭到尾預覽整支影片

小提示

若還有不滿意的地方，可以點選影格，繼續編修。

② 到視窗右上方，按 ⤴ 匯出或分享

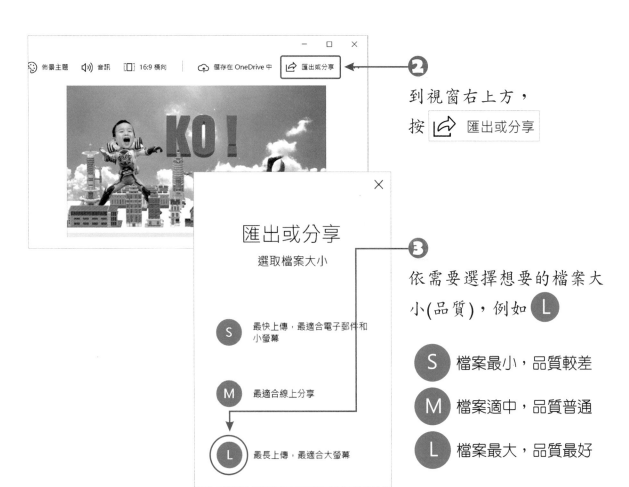

③ 依需要選擇想要的檔案大小(品質)，例如 L

S 檔案最小，品質較差

M 檔案適中，品質普通

L 檔案最大，品質最好

預設儲存位置為【本機/
圖片/匯出的影片】

按 ▷ 立即觀賞一下成果
吧！(觀賞完畢，按右上
方的 ☒ 離開輸出視窗)

關閉【相片】軟體後，下
次啟動時，在主視窗，按
【影片專案】，再點專案
縮圖，即可繼續編修喔！

耶！
自己編導微電影
好好玩喔！

我也要把我的
小畫家3D作品
變成微電影！

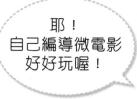 老師說

你可以將影片分享到 YouTube，或以郵件寄給朋友喔！方法請參考
教學影片！

我是 3D 天才小畫家

作　　者：小石頭編輯群・夏天工作室
發 行 人：吳如璧
出 版 者：小石頭文化有限公司
　　　　　Stone Culture Company
地　　址：台北市大安區信義路四段263號7樓之2
電　　話：(02)2630-6172
傳　　真：(02)2634-0166
E - mail ：stone.book@msa.hinet.net
郵政帳戶：小石頭文化有限公司
帳　　號：19708977

圖書編號：SA34
ISBN：978-986-96307-0-2

致力於環保，本書原料和生產，均採對環境友好的方式：
・日本進口無氯製程的生態紙張
・Soy Ink 黃豆生質油墨
・環保無毒的水性上光

SAVE THE WORLD
PRINTED WITH SOY INK
ECO-PULP
エコパルプ

國家圖書館出版品預行編目(CIP)資料　　定價 249 元 ・ 2019 年 04 月　初版

我是 3D 天才小畫家
/ 小石頭編輯群・夏天工作室 著
-- 臺北市：小石頭文化，2019 .04
　　　面；　公分

ISBN 978-986-96307-0-2 (平裝)

1. 電腦教育　　2. 電腦繪圖
3. 小學教學

523.38　　　　　　　　108004360

書局總經銷：
　聯合發行股份有限公司
　電話:(02)2917-8022

學校發行：
　校園文化事業有限公司
　電話: (02)2659-8855

零售郵購：
　服務專線: (02)2630-6172